단순하게
몰입
한다는것

몰입의 힘으로
타이탄의 도구를 얻어낸
7가지 비밀

단순하게
몰입
한다는 것

캐서린(윤지숙) 지음

동양북스

단순하게 몰입하면
왼쪽에서 닫힌 문이 오른쪽으로 열린다
"불안하고 막막하다면 고독하게 몰입하라!"

- **단순(單純)** 복잡하지 않고 간단하다

- **몰입(沒入, flow)** 깊이 파고들거나 빠지다

몰입은 집중력과 다르다.

흔히, 한 가지 일에 모든 힘을 쏟아붓는다는 점에서 몰입과 집중력을 혼동해서 사용한다. 하지만 엄밀히 말해 몰입과 집중은 다른 개념이다. 몰입은 시간과 공간을 초월해 완전히 빠져든 상태지만, 집중력은 일종의 능력이다. 집중력은 몰입을 위해 필요한 한 가지 능력에 속한다.

진정한 몰입을 위해 필요한 건 집중력뿐만이 아니다. 몰입에도 기술이 있다. 대표적인 것이 단순하게 묵묵하게 하는 것이다. 가진 패가 없을 때는 물러설 곳이 없다. 목표를 분명히하고, 여러 가지의 핵심을 개념화시키면 상황이 매우 단순해진다. 그건 본질을 파악했다는 뜻이다. 그리고 직진. 그래야 비로소 에너지를 쏟아 몰입할 수 있게 된다.

핵심은 오로지 살아남아 생존해야 한다는 단순함에서 나오는 몰입이다. 에너지를 쏟아야 할 곳을 찾았다면, 단순하게 몰입하면 된다. 타고난 재능이 없어도, 든든한 뒷배경이 없어도 누구나 목표를 이루고 성공할 수 있는 유일한 비결이다.

나는 사람 마음을 꿰뚫는 재주도 없고, 심리학이라든지 뇌과학이라든지 그런 거 잘 모른다. 굳이 어려운 이론이나 원론적인 이야기를 다룰 생각은 없다. 안다고 해서 굳이 그런 어려운 이야기를 다뤄 학식을 뽐내고 싶지도 않다. 그저 무일푼, 무스펙으로 출발했지만, 어떻게 몰입의 힘을 이용해 하나씩 성취해 갔는지를, 스타트업 신화를 이루었는지를 이야기하고 싶다.

내가 인생에 몰입하게 된 건
결핍과 절실함 때문이었다

우리가 잘 아는 성공한 사람들의 공통적인 한 가지를 꼽으라면 단연 '몰입'이라고 할 수 있다. 마지막 순간까지 어딘가에 깊이 파고든다는 것!

내가 인생에 몰입하게 된 계기는 '절실함'이었다.

절실함 하나만 가지고 사방팔방, 좌충우돌 부딪히며 시행착오도 참 많이 겪었다. 하지만 절실한 마음만으로는 그 어느 하나 이룰 수 있는 것이 없었다. 너무나도 막막했고, 때로는 두려웠고, 좌절도 수백 번 했다.

하지만, 당신은 나와 같은 시행착오를 한 번이라도 줄이기를 바라는 마음으로 이 책을 썼다. 아마 당신도 두렵고 절망적인 순간이 있을 것이다. 이런저런 어려운 법칙 대신 힘내시라고, 내 삶의 궤적들을 기록으로 전한다. 무일푼에, 특출난 재능 하나 없던 나는 그야말로 아무것도 아니었다. 이런 나도 해냈다. 그러니 당신도 할 수 있다.

불안하고 막막하다면 고독하게 몰입하라!
왼쪽에서 닫힌 문이 오른쪽으로 열릴 것이다

이 책은 '단순하게 몰입한다는 것'에 관한 내용이다.

몰입도 중요한 키워드지만, '단순하게'도 방점이 찍힌다.

뇌과학 전문가, 심리학자, 신경과의사 등 잘나고 유명한 분들 이론 말고, 그냥 무일푼, 무스펙이었던 나의 이야기를 중심으로 흘러간다. 굳이 정의하자면, 단순하게 몰입한다는 것의 실천 편이라고 할 수 있다.

힘들고 두려울 때, 몰입이 필요한 순간이 되니까 너무 절실해서 초인적인 힘이 났다. 책에는 나 캐서린만의 원칙과 비밀을 최대한 담았다. 우리 함께 단순하게 몰입해보자.

캐서린 (윤지숙)

THREE

결핍이 주는 절실함이 나를 깨운 순간
영어와 체육을 합쳤더니 새로운 가치가 생겼다

FOUR

고생을 사서 했더니, 오히려 득이 되었다
스몰 비즈니스를 안정적인 사업체로 일구다

FIVE

단순한 몰입으로 삶의 무기를 장착하다
타이탄의 도구를 하나씩 모으는 재미

SIX

꿈을 크게 꾸어라. 깨져도 조각이 크다
버킷 리스트, 세바시 강연에 도전하다

무일푼으로 내 가치를 높이는 비밀
아낌없이 사람을 대한다

'단순하게 몰입하기' 전에 알아둘 것

'단순하게 몰입하기'가 필요한 순간이 오면 어떻게 해야 할까? 이때, 유명한 심리학자 칙센트미하이의 몰입 모형을 알면 도움이 된다. 칙센트미하이는 몰입의 즐거움을 알기에, 일명 '행복에 미친 남자'라고 한다. 실력과 과제 난이도에 따라 어떻게 몰입해야 더 몰입할 수 있을지, 더 행복할 수 있을지 몰입 모형을 참고하자. 도전할 과제의 난이도에 따라, 능력에 따라 몰입할 수 있는 상태가 달라진다.

- 능력이 낮은데 과제의 난이도가 높은 경우
  : 불안해서 자포자기한다.
- 능력이 높은데 과제의 난이도가 낮은 경우
  : 지루해서 집중하기 힘들다.
- 능력도 낮고, 과제의 난이도도 낮은 경우
  : 무관심해서 아무런 의미가 없다.
- **능력도 높고, 과제의 난이도도 높은 경우**
  : 몰입할 수 있다. 능력을 끌어올려 최고의 효과를 얻는다.

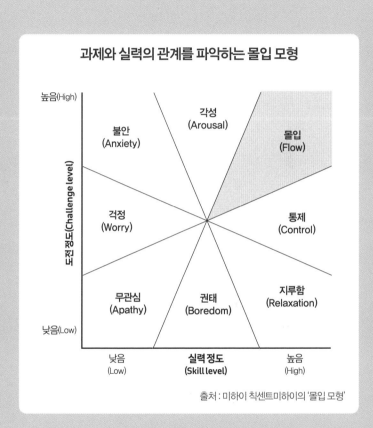

과제와 실력의 관계를 파악하는 몰입 모형

불안
(Anxiety)

각성
(Arousal)

몰입
(Flow)

걱정
(Worry)

통제
(Control)

무관심
(Apathy)

권태
(Boredom)

지루함
(Relaxation)

높음(High)

낮음(Low)

도전 정도(Challenge level)

낮음
(Low)

실력 정도
(Skill level)

높음
(High)

출처 : 미하이 칙센트미하이의 '몰입 모형'

ONE

'단순하게 몰입하기' 시작

캐서린이란 이름으로
영어연극 무대에 서다

아마존 노래방에서
시작된 이야기

하면 된다! 간단하지만 대단한 말

따르르르릉~ 불안한 전화는 벨소리부터 남다르다.

잘 운영하던 랭핏 4호점을 문 닫아야 한다는 전화였다. 초기 비용을 아끼려고 샵인샵으로 들어갔던 것이 화근이었다. 학원을 운영하던 임대인과 건물주 사이에 계약 문제가 생기면서 무기력하게 문을 닫을 수밖에 없었다. 법적으로 내가 할 수 있는 것은 하나도 없었다. 벼랑 끝이었다.

그때 신기하게도 어머니가 해주신 이야기가 생각났다.

··· 가난은 전쟁과 같다 ···

'이렇게 일만 하다간 평생 부자 되긴 글렀다.'

아버지는 평생을 공무원으로 개미처럼 부지런한 삶을 사셨지만 집안 형편은 나아지지 않았다. 결국 투자의 유혹을 이기지 못했고, 그 결정은 얼마 지나지 않아 우리 집을 나락으로 몰았다. 온 집안에 빨갛고 클래식한 스티커 '국가공인 압류 딱지'가 붙었던 날, 평생을 가정주부로 사셨던 엄마는 큰 충격을 받았다.

하지만, 이내 무슨 용기가 났는지 외삼촌에게 2천만 원을 겨우 빌려 노래방 사장님이 되셨다. 이건 정말 천지가 개벽할 일이었다. 엄마는 낼모레 70인데 아직도 축구 승부차기를 못 보는 분이다. 승패가 갈리는 그 찰나의 순간도 못 견딜 정도로 마음이 여린 분이다. 그런 엄마가 세상에 다른 것도 아닌 노래방 사장님이 된 것이다.

'가수 팔자는 노래 제목 따라간다'는 말이 있는데 재미있게도 엄마가 운영하던 노래방 이름은 '아마존'이었다. 이름 때문이었을까? 엄마의 사업장은 하루하루가 아마존 정글과도 같았다. 매일 술에 취한 손님을 응대하며 엄마는 그렇게 사장이라는 버거운 타이틀에 적응해 갔다.

　간간이 청소 아르바이트만 하던 엄마가 처음으로 사장이 된 건 내가 고3 무렵이었다. 나는 엄마 없이 홀로 맞이하는 새벽이 많았다. 내가 살던 곳은 거제도로, 근처 조선소 월급날이면 한 달 동안 노동에 찌들었던 노동자들이 엄마 가게에 와서 노동의 한을 노래로 풀곤 했다. 딸이 아무리 고3이어도 엄마는 가장으로서 사업장을 지킬 수밖에 없었다.

　고3의 유일한 기쁨은 점심시간인데, 반찬은 매일 김치와 간단한 몇 가지뿐이었다. 어쩌다 엄마가 시간이 나는 날이면 편의점에서 사온 기름기 범벅의 소세지가 추가되었다.

　고3 생활을 투정하기에는 어린 내가 보기에도 엄마가 안쓰러울 정도로 아마존 생활에 찌들어 있었다. 취객과의 실랑이는 일상이었고, 길에서 돈을 잃어버린 손님이 엄마를 탓해서 죄 없이 경찰서를 오가는 일도 수차례였다. 말 그대로 벼랑 끝이었다. 나의 고3 생활은 이러나저러나 엔딩을 맞이하겠지만, 엄마의 고달픔은 좀처럼 끝이 보이지 않았다.

　그러던 어느 날, 엄마는 사는 게 너무 고달파서 지푸라기라도 잡는 심정으로 점쟁이를 만나러 갔다고 했다. 당시 택시비

1,800원도 아까워 걸어다니던 엄마가 5만 원이나 내고 점괘를 보러 갔으니, 그날은 정말 눈앞이 막막한 상황이었나 보다. 그런데 점쟁이는 그렇게 운이 나쁘지 않다며 앞으로 다 잘 될 거라고, 그저 지금처럼 하면 된다고, 딱 그 말만 했다고 한다. 거금 5만 원치고는 너무 허술한 솔루션이라 속상했다고 속으로 엄청 욕했다고 한다.

그런데 좀 이상했다고 한다. '하면 된다!' 청소년 드라마에나 나올 법한 평범한 그 말이 희한하게도 엄마가 어려움을 겪을 때마다 서러움이 솟구칠 때마다 생각이 났다고 한다. 이상하게도 뻔한 그 말이 힘든 순간에 큰 위안이 되었다.

'그저 지금처럼만 하면 된다. 하면 된다.'

··· 아마존 여전사의 은퇴 ···

그렇게 13년간 아마존 여전사였던 엄마는 자식들 셋 모두 결혼하고 나서야 은퇴를 하셨다. 마침내 양도 계약서를 쓰고 아마존을 폐업하던 날, 엄마는 갑자기 그 점쟁이가 생각났다고 한다. 기억 속에 오랜 첫사랑이 스물스물 올라오듯 말이다.

힘든 지난날이 무사히 지나갔고, 그 점쟁이를 다시 찾아가 식사라도 대접해야겠다는 생각이 든 것이다. 수소문 끝에 마침내 그 점쟁이를 만나기로 한 날, 마치 드라마 속 한 장면처럼 하늘에서 물벼락이 쏟아지듯 비가 엄청 퍼부었다. 엄마는 그날 그 점쟁이를 만나지 않으면 평생 숙제로 남을 것 같아 비를 쫄딱 맞은 생쥐 꼴이 되었지만 약속 장소에 나갔다. 점쟁이도 점사를 30년간 보는데 엄마 같은 고객은 처음이라며 굉장히 보람 있어 했다고 한다.

스승의 은혜도 아니고, 이건 무슨 점쟁이의 은혜인지. 점쟁이는 그날 어떤 마음이었을지 모르지만 엄마에게는 '할 수 있다'는 그 말이 생명을 살리는 금언이 되었다. 사실 나는 어렸을 때부터 우리집에 오는 모든 사람들에게 밥을 해줄 정도로 정이 많은 엄마의 모습이 생생하다. 심지어 길 잃은 강아지한테까지 말이다.

새벽에 아빠가 친구들을 여러 명이나 대동해도 엄마는 군소리 없이 밥상을 내오셨다. 그래서 기억 속에 희미해진 그 점쟁이를 떠올리며 굳이 식사를 대접하러 간 것이다. 그렇게 엄마에게는 모든 인연이 소중했다.

02

위기라고 생각하니
오히려 힘이 났다

힘든 시간을 혼자 견디는 주문

벼랑 끝에서 어쩔 수 없이 학원 문을 닫아야 하는 순간, 엄마는 어땠을까를 떠올렸다.

할 수 있다고 스스로를 다독이는 것 말고 내가 뭘 할 수 있을까? 지금 당장 내가 할 수 있는 일과 할 수 없는 일이 뭔지 정확히 구분하기 위해 나 자신에게 온전히 몰입했다.

'오직 나만 할 수 있는 것,
랭핏의 창업 일대기를 팔아보면 어떨까?'

20년 동안 시행착오를 거쳐 만든 거라 누군가에게는 유용할 수 있다는 생각이 번쩍 들었다. 한 번도 그 콘텐츠를 누군가에게 팔 생각을 제대로 해본 적이 없었지만, 한 번만 더 맨땅에 헤딩해보기로 했다. 며칠 동안 잠도 안 자고 준비해서 '나만의 콘텐츠와 브랜드를 만드는 프로세스' 강좌를 런칭했다. 그런데 이게 대박이 났다. 하루아침에 학원을 잡을 수 있는 보증금이 생겼다.

그러자 갑자기 아마존 정글에서 승리하고 막판에 대왕 용과 싸우기 직전, 무기가 장착되는 듯한 기분이 들었다. 갑자기 용기가 나면서 얼굴이 두꺼워지고 팔에 근육이 붙고 힘이 솟았다. 엄마가 삼촌을 찾아간 것처럼, 나는 절친한 지인 10명을 찾아가 3백만 원씩 빌려달라고 했다. 그것도 아주 당당하게.

"너는 내 인생에 3백만 원도 못 거냐? 잘 생각해보라고!"

돈 빌리는 사람이 워낙 기세등등하니까, 지인들은 오히려 당황하며 돈을 빌려주었다. 그렇게 하루만에 3천만 원을 모았다. 캐서린표 셀프 크라우드 펀딩이 완성된 거다.

살다 보면 수많은 시련들이 찾아온다. 벼랑 끝에 서보니 딱 두 가지가 필요했다. 그동안 끈끈하게 알고 지냈던 '사람'과 나 스스로 거는 주문 '할 수 있다' 그거면 충분했다.

… 운이 나쁘지는 않으니, 그냥 하세요 …

"그냥 하면 되겠네. 운이 나쁘지 않으니 그냥 하세요."

벼랑 끝에서 떨어질 운명에 처했던 날. 점쟁이의 할 수 있다는 말이 결국에 엄마와 나를 구한 거였다. 사실 그 말이 대단했다기보다는 그 말을 되뇌이면서 한 번 더 희망을 가져보는 것, 실낱 같은 희망을 품어보는 것이 벼랑 끝에서 버티게 하는 힘이 되었다. 내 지인들도 나의 당당한 말에 이끌려 자동이체를 몸소 시연해준 것이다.

날씨는 바꿀 수 없지만, 말씨는 마음먹은 대로 바꿀 수 있다. 벼랑 끝에서는 스스로 되뇌는 말씨가 인생의 날씨를 바꿀 수 있다. 그 긍정적인 기운으로 주변의 지인들에게 잠시 도움을 요청하면 된다. 그동안 열심히 살았던 나의 모습이 그들에게 보증서이자 보험이다. 그리고 지금까지 그래왔던 것처럼 그들을 위해 훨씬 더 많이 도와줄 궁리를 하면 된다. 그러면 위험 속에서도 돌파구가 보일 것이고, 태백산맥과도 같은 나만의 인맥을 구축할 수 있을 것이다.

맥도날드에
처음 간 날의 충격

원래 인생은 불공평하다

내 고향은 거제도다. 대한민국에서 제주도 다음으로 큰 섬이다. 1971년 4월, 거제대교가 생기고 삼성과 대우 조선소까지 들어오면서 거제도는 급격하게 문명의 개화기를 맞았다.

특히 그날을 잊지 못한다. 여전히 백화점 대신 '데파트(백화점의 일본식 발음)'만 있던 이 섬에 드디어 맥도날드가 들어선 날이다. 학교를 오가며 스쿨버스 창문 밖으로 저멀리 보이는 노란색 M자를 보면 늘 가슴이 뛰었다. 당시 나와 내 또래들에게 그 봉긋한 두 산은 단순히 브랜드 로고가 아니었다. 새로운 변화의 시작을 알리는, 그 뭐랄까? 자유의 상징이었다.

갓 튀긴 감자튀김의 충격적인 고소함은 아직도 생생하다. 명절에 많이 먹는 튀김이었지만 감자튀김은 어쩐지 세련된 풍미가 있었다. 당시 3,300원이었던 빅맥세트를 여태 기억하는 이유가 있다. 학생이 누리는 자유란 사실 부모님이 주시는 자본이 있어야만 가능했기 때문이다. 절실한 돈 3,300원, 당시 내가 친구들과 한나절 누릴 수 있는 자유의 대가였다. 자유와 자본은 서로 밀접한 관련이 있음을 깨달았다. 고작 햄버거 가게 세트 메뉴로 말이다. 좀 더 고상한 이유였다면 좋았을 텐데.

맥도널드의 대표 메뉴인 빅맥은 '빅맥지수'라고 해서 물가와 돈의 가치를 상징하는 표현이 아닌가. 내게도 자유와 자본의 연관성을 깨우쳐준 빅맥이 하나의 상징이 되었다.

노란 옷에 빨간 머리 삐에로를 처음 만났던 정도의 충격을 다시 느낀 건 대학교에 들어가서다. 스무 살에 난생 처음으로 외국인을 보았다. 내 시선을 앗아간 사람은 원어민 교수님이었다.

외국인에 대한 신기함도 잠시, 학원을 한 번도 다닌 적이 없던 나는 처음으로 접한 실전 영어에 또 한 번 충격을 받았다. 원어민 교수는 물론 유학을 다녀온 친구들이 내뱉는 영어는 고등학교 때 배웠던 그 언어가 아니었다. 그들의 버터 바른 영어는 부유한 자의 여유, 지적 허영처럼 느껴졌다. '학교 영어'와 '현지 영어'는 아예 호흡부터 달랐다. 듣기평가에서 술하게 들었던 게 영어가 아니었다니.

　그들 중 누구는 아빠가 교수였고, 누구는 의사였고, 또 누구는 정치인이었다. 그런 부모를 가졌다는 것이 무엇을 의미하는지도 차츰 실감하게 되었다.

04

사실,
모든 것이 불공평했다

내가 힘든 건 그냥 내 사정일 뿐

억울했다. 같은 조 친구들이 죄다 유학파라니. 그들이 영어를 너무 잘 구사해 따라가기 어렵다며 담당 교수님께 호소했더니, 그가 웃으며 말했다.

"Life is always unfair! Only you don't know!"
(인생은 언제나 불공평해. 너만 모를 뿐이지.)

그 말이 20살의 내게 무사의 칼날 같은 살벌함으로 다가왔다. 사회는 일찌감치 나에게 말하고 있었다. 세상은 너무 불공평하고 힘든 건 오로지 '내 사정'일 뿐이라고. 서글프고 괜히 억울함, 그런 말로는 다 표현할 수 없는 무언가가 마음을 무겁게 짓눌렀다.

그래도 대학교까지 갔으니 최선은 다해보자는 마음이었다. 모르니 별수 있는가? 비석에 글자 파는 심정으로 매일 아침 7시에 학교로 가서 같은 말만 반복하는 앵무새 전법으로 수업에 임했다. 같은 조 친구들도 내 정성이 안쓰러웠는지 앵무새의 날갯짓에 도움을 주었다.

이제 와서 생각해보니 친구들도 내가 굉장히 불편했을 것이다. 어쩌다가 나 같은 조원을 만나 하지 않아도 될 고생을 했으니 말이다. 하지만 그 또한 '그들 사정' 아니겠나.

불공평을 이기는 힘, 그래서 뭐 어쩌라고?

어찌어찌해서 영어회화 수업은 잘 헤쳐나갔다. 끝나지 않을 것만 같던 긴 고행이 희미해질 무렵 '대학 가면 잘생긴 오빠를 볼 수 있다'는 거제도 선배들의 말이 문득 떠올랐다. 동아리 모집 기간이었다. 그때부터 눈을 부릅뜨고 선배들을 둘러보았다.

아, 군계일학이 이런 뜻이구나! 한 선배가 눈부신 아우라를 내뿜고 있었다. 이 사람이다! 고향 선배들이 말하는 그 잘생긴 선배가! 곧장 그 선배가 있는 동아리 입회원서에 사인을 했다. 무슨 동아리인지는 중요하지 않았다.

나중에 정신을 차리고 나서야 내가 연극 동아리에 들었다는 걸 깨달았다. 멀쩡한 한국말을 두고 영어로 공연을 하는 '영어연극 동아리'라니. 그렇다고 이제 와서 입회를 철회하기에는 그 선배가 눈에 밟혔다.

고등학교 때부터 내내 '잘생긴 동아리 선배' 타령을 하지 않았나. 앞으로 선배 얼굴을 계속 보려면 어쩔 도리가 없었다. 그래, 회화 수업 시간에 했던 대로 죄다 외우면 될 일이다. 우선은 버텨보기로 했다. 설마 못한다고 내쫓기라도 하겠어?

부족한 실력을 들키지 않으려면 있는 듯 없는 듯 조용히 지내야 했다. (그런데 어쩌나. 내 성격이 그렇지 못한데.) 들어가자마자 이내 신입생 오디션이 열렸다. 그 선배가 하필 연출부여서 눈에 들려면 오디션을 꼭 봐야만 했다. 배우와 연출의 열애라니, 혼자 설레는 마음으로 오디션을 보았다. 이번 기회에 선배 눈에 꼭 들고 싶었다.

다행히 영어연극 동아리지만 영어가 아닌 우리말로 연기를 하면 된다고 해서 일단 부딪혀보기로 했다. 내가 뽑은 키워드는 장례식이었다. 증조할머니의 장례식을 떠올리며 나는 세상 모든 슬픔을 다 끄집어내 연기를 했다. 심지어 눈물까지 나왔다.

기분 탓인지, 오디션이 끝나고 선배들이 나를 보는 눈이 달라졌다. 왠지 연기를 잘해서가 아니라 '이거 물건 하나 들어왔네'라는 의미였던 것 같다. 나중에 선배들의 말을 들으니 수줍게 오디션을 보는 다른 새내기 신입생들과는 달리 나는 생존하려는 아우라가 있었다고 한다. 신입생들은 오디션 볼 때 긴장감으로 운다는데, 나는 연기로 울어버렸던 것이다.

그렇게 어느덧 방학이 되었고, 가을 학기에 있을 연극 연습이 시작되었다. 신입생들도 군계일학 선배의 지도 아래 연극 무대에 차츰 익숙해져갔다. 사실 오디션은 통과의례였을 뿐, 1학년들은 소품이나 무대조명, 의상 등을 담당했다. 그렇다. 배우와 연출의 로맨스는 일어나지 않았다. 하지만 온종일 조명만 들고 있어도 좋았다. 선배를 매일 볼 수 있었으니까.

내가 믿을 건 나뿐이라서
통째로 해치운 일

급할 때 믿을 건, 몰입의 힘뿐

그날도 그런 날이었다. 늘 똑같이 울리는 전화벨이 다르게 들리는 날. 왠지 긴 수화기 너머로 다급한 사정이 느껴졌다. 바로 군계일학 선배였다.

극 내용이 갑자기 바뀌게 되었는데, 여주인공을 맡아줄 수 있겠냐고 했다. 주연을 맡기로 했던 여자 선배가 집안 사정으로 연극을 계속할 수 없게 된 것이다. 긴급회의 끝에 내 이야기가 나온 모양이다. 다른 선배 전화였다면 고민했을 것이다. 근데 군계일학 바로 그 선배였다. 나도 모르게 알겠다는 대답이 먼저 나와 버렸다.

그날로 2차 앵무새 작전이 시작되었다. 무조건 해내야 했다. 2시간짜리 연극을 통으로 외워야 했다. 게다가 대사만 외우는 것이 아니라 연기까지 해야 했다. 일단은 연극 대본을 통째로 외웠다. 내가 믿을 건 나 자신, 나를 믿고 영어 대본에 몰입하는 것뿐이었다.

매일 10시간씩 90일, 약 900시간을 쏟아부었다. 영어학원으로 치면 약 45개월분의 학습량이다. 지금도 가끔 우여곡절 끝에 무대에 오른 그날이 떠오른다. 무대에서 유학파 친구들처럼 유창한 영어를 구사했던 내 모습이 생생하다. 어쩌면 누군가도 무대 위의 나를 보면서 인생이 불공평하다고 여겼을지 모르겠다.

나에겐 비록 유학을 다녀올 만한 돈은 없었지만, 무모한 도전을 과감히 할 수 있는 절실함이 있었다. 절실하게 뭔가에 도전하는 사람이 기댈 만한 힘은 하나밖에 없다. 바로 몰입이다. 몰입만이 이 불공평한 세상에서 살아남을 수 있는 유일한 무기다. 몰입만이 결핍을 채울 수 있다. 제아무리 천재라도 게으르면 답이 없다.

내 첫 무모한 도전의 시작이었던 영어연극, 아서 밀러Arthur Miller의 〈A view from the bridge〉. 그때 맡았던 배역 '캐서린'은 나의 영어이름이자 정체성이 되었다. 그리고, 어떤 위급한 상황이라도 피하지 않고 일단 부딪히며 끝내 해내고야 말겠다는 태도는 지금껏 나를 성장시키고 있다.

마침내 영어 스타트업을 시작하다

아이들을 가르치며 내가 배우다

몰입의 힘을 톡톡히 경험했던 영어연극이 끝났다.

그러자 이번엔 현실이 발목을 잡았다. 동아리 생활만 하며 즐거운 대학생활을 누리기엔 집안 사정이 넉넉하지 않았다.

마침 집 근처 영어학원에서 보조강사를 구하고 있었다. 면접을 볼 때 영어 실력을 보여달라는 원장님의 요구에 나는 연극 대본을 줄줄 외웠다. 그러자 원장님의 동공이 반짝이며 커졌다. '이런 알바가 들어오다니!'라는 감탄의 눈빛이었다.

그렇게 대학교 2학년생 철없는 선생님이 된 나는 아이들에게 인기가 최고였다. 수준이 딱 맞았기 때문이다. 짝사랑 전문가로서 초등 5학년 여자아이들에게 특히 인기가 많았다. 학교를 마친 아이들은 나를 보려고 학원으로 달려왔다. 누군가 나를 믿고 따른다는 사실에 기분이 좋아서 수업이 없는 날도 학원 교무실에 출근하곤 했다.

차츰 학부모들 사이에서도 내 존재가 알려지기 시작했다. 말 많은 초등 5학년 여자애들이 갑자기 안 하던 공부를 시작했기 때문이다. 사실은 놀기도 엄청 놀았는데, 아이들이 학원 가는 것 자체를 좋아하니 엄마들 입장에서는 기쁜 일이었다.

··· 영어 스타트업의 시작 ···

그러던 어느 날 영어학원이 하루아침에 문을 닫았다.

겉으론 멀쩡한 학원이었지만 재정적인 어려움이 있었다. 수개월 동안 임금을 받지 못했던 강사들이 수업을 거부했고, 학원은 자연스레 폐업의 수순을 밟았다.

수입이 끊겼다는 사실보다 아이들을 볼 수 없게 된 사실이 더 속상했다. 나를 졸졸졸 쫓아다니며 '선생님'이라고 불러주던 아이들을 이제 볼 수 없다니 슬펐다.

처음엔 몰랐다. 기회가 종종 위기라는 가면을 쓰고 오기도 한다는 사실을. 당시 학부모님들과 좋은 관계를 유지하고 있었는데, 몇몇 어머니들이 내게 아이들을 맡기고 싶다고 했다.

아이들이 나와 수업하기를 원한다는 이유에서다. 시급을 받던 내가 8명을 가르치면? 시급이 1만 원에서 5만 원으로 껑충 뛰게 된다.

**'비록 지금은 리스닝만 가르치지만 문법이나 독해도
영어연극을 했던 것처럼 노력하면 되지 않을까?'**

그렇게 생각하니 두려울 것이 없었다.

때마침 자취방도 근린생활시설로 허가가 나 있어 바로 수업을 시작했다. 해물탕집 아르바이트로 시급 2,900원을 받던 나는 영어연극을 기점으로 학원에서 1만 원을 받았고, 이제는 5만 원으로 몸값이 몇 배로 뛰었다. 게다가 공부방을 오픈하면서 대표님이 되었다.

어느 책에서 그랬다. 신발 정리를 하더라도 최고가 되자는 마음으로 하면 당신은 신발 정리만 하고 있지는 않을 것이라고! 고등학교 때 집이 망하면서 무엇 하나 그냥 얻어지는 것이 없었다. 내가 있던 곳은 혼자서라도 살아남지 않으면 안 되는 전쟁터였다. 그런 전쟁터에서는 물러설 곳이 없다. 오로지 직진이다. 매 순간 최선을 다해서 말이다.

그때 그 참새 같던 아이들 여덟 명으로 작게 시작했던 영어 과외가 20년이 지나 지금의 랭핏(영어체육 전문 학원)이 되었다. 영어회화 시간에 느꼈던 열패감을 계기로 내 인생은 오로지 도전과 노력의 연속이었다.

거대한 부는 상속, 로또, 사업 세 가지 중에 하나로 만들어진다. 나는 초등학생들을 가르친 경험으로 자연스럽게 사업의 길로 들어섰고, 지금은 에듀테크 랭핏 법인의 대표가 되었다. 현재 법인의 모든 지분은 내가 소유하고 있다. 입소문을 타면서 내 사업에 관심을 보이는 투자자도 제법 있다.

랭핏의 매출은 부쩍 늘어서, 투자받고 지금까지의 성공 방법을 복제하면 기업가치는 수십억 원이 될 것이다. 그리고 또 후속 투자를 받아 기업으로 키우면 가치가 다시 수직상승할 것으로 기대한다.

창업은 내가 만드는 국가라고 할 수 있다. 건국이념을 만들고 팀원들과 기틀을 잘 세우면 국민들이 따른다. 그 시작은 결심에서 비롯된다.

"영어로 체육을 어떻게 해요?"

모두가 의심했지만, 나는 완전히 다른 두 분야를 합쳐서 새로운 분야를 만드는 일을 작은 공부방에서 창조해냈다.

답은 하나다. 피하지 말고 언제나 즐겁게 임하면 된다. 안정화에 접어든 지금도 실은 하루하루가 쉽지 않다. 하지만 단 한 가지! 자신감을 갖고 확신하는 내 모습은 앞으로도 변치 않으리라는 사실이다. 전쟁터에서 내가 믿을 건 오직 그뿐이다.

성장통을 겪을 때마다 나는 스스로에게 말한다.

"또 무슨 일을 내가 해내려고 이러나?"

가난하고 배경 없던 섬처녀가 눈에서 광채가 나는 창업가가 되기란 사실 대단한 일이 아니다. 매일 나에게 주어지는 도전의 하루를 그냥 용감하게 살아내는 것과 오늘 하루 열심히 살아낸 나를 믿는 것이 필요할 뿐이다.

용감함에는 비용이 들지 않는다. 실패가 두렵다 해도 그냥 하면 된다. 아마도 실패가 아닐 것이다. 성공으로 가는 미성공일 뿐. 매일 나에게 주어지는 하루를 열심히 살아내는 성장의 마음이면 진짜 나라를 세울지도 모를 일이다.

좋아하는 것을 찾고
고독하게 몰입한다

> 힘들 때 '몰입'을 활용하면
> 상황을 즐기는 기분이 된다.
>
> _이케가야 유지 (뇌과학자이자 도쿄대학 대학원 약학계 연구과 교수)

내가 타이탄의 도구로 '영어'와 '체육'을 찾아내고 발전시켜 나갈 때 도움이 되었던 이론과 법칙들을 각 장의 마지막에 소개하고자 한다.

당시 타이탄의 도구를 찾았던 생각의 과정(생각법)은, 당신이 타이탄의 도구를 얻을 때도 도움이 될 것이다. (분야만 다를 뿐, 나만의 무기를 획득하는 과정은 비슷하다.) 그리고, 나만의 도구가 되도록 내 스타일로 정교하게 다듬어가는 시간이 필요하다. 이때 필요한 것이 '몰입'이다.

일단, 몰입하면 즐거워진다. 뇌과학자인 이케가야 유지 교수는 의욕 스위치를 켜기 위해서는 몰입을 활용하라고 말한다. '즐기고 있는 자기 자신에게 몰입하는 것'으로 스스로 즐기고 있다고 뇌를 속이는 것이다.

"'의욕 스위치'를 켜는 가장 큰 포인트는 '아무튼 시작하기'다. 그런 점에서 '몰입'은 무언가를 시작하기 위한 도입부에 해당한다고 할 수 있다. 어떤 일이든 적극적으로 임하면 즐거움은 몇 배가 되고 스트레스는 최소화할 수 있다."

『효과 빠른 번아웃 처방전』 홋타 슈고 저, 동양북스

랭핏(LangFit)의 이론적 배경

초등 영어지도는 상대적으로 가르치기 단순하다고 생각하는 경향이 있다. 그러나 그러한 사고는 지도에 있어 영어학습에 대한 정의적인 부분에서 나쁜 영향을 미칠 뿐 아니라 성취도 부분에서 좋은 결과를 기대할 수 없다. 효과적인 영어지도를 위해 초등학생의 특성을 알아야 한다.

초등학생의 특징

- 언어의 사용이 창의적이다.
- 말하기를 매우 좋아한다.
- 상상력이 풍부하다.
- 신체적 활동이 왕성하고 즐거움을 느낄 때 가장 잘 배운다.
- 어린이들은 영어가 외국어지만 국어처럼 생각할 수 있다.
- 언어와 의미를 분리하여 받아들이는 것이 아니라 영어를 통째로 받아들이는 것이 특징적이다.

다음은 초등학생들의 특징 외에도 랭핏을 만드는데 기반이 되었던 교수법들이다. 그중 전신 반응식(TPR) 교수법이 랭핏에 가장 큰 영향력을 미쳤다.

1. 크라센의 외국어 학습이론 Stephen D.Krashen

이 이론은 효과적으로 언어를 학습하고자 할 때 도움이 된다.

첫째, 습득학습 가설 Aquisition – Learning hypothesis

언어는 의식적으로 학습하는 것이 아닌 무의식적으로 습득될 때 더욱 효과적이라고 한다. 마치 어린이가 그들의 모국어를 자연스럽게 습득하듯 성인도 교실환경과 같은 언어의 규칙과 형식에 따라 의식적으로 배우는 과정이 아닌 자연스러운 환경에서 언어의 의사소통과 의미에 중점을 둘 때 효과적인 습득이 가능하다고 보았다.

둘째, 모니터 가설 Monitor hypothesis

의식적으로 학습한 지식은 학습자가 대화를 할 때 오류의 유무만 검사할 뿐 정작 발화할 때는 도움을 주지 못한다는 것이다. 즉 습득된 지식은 그들의 대화를 자연스럽게 이끌어낼 수 있지만 학습된 지식은 발화 전 점검과 수정에만 사용된다고 하였다.

셋째, 자연 순서 가설 Nature order hypothesis

학습자가 언어를 배우는 데 있어 자연적인 순서가 있다는 것이다.
예를 들어, 어린이들이 언어의 말하기를 배우기 전에 충분한 듣기가 선행되어야 한다는 것이다.

이는 외국어 형태소 습득에도 순서가 있어 처음에는 현재진행형-ing, 다음복수s 등 자연스러운 단계가 있다고 주장한다.

넷째, 입력 가설 Input hypothesis

현재의 습득단계(i)에서 다음 단계(i+1)가 입력되어야 한다.

잘 이뤄지기 위해서는 학습자의 현재 이해할 수 있는 언어자료보다 약간 상위레벨이면서 약간 많은 양의 input을 끊임없이 주어야 하고 문법이 아닌 의사소통 중심이어야 하며 흥미 있는 것이어야 한다고 하였다.

다섯, 정서적 여과막 가설 Affective filter hypothesis

우리가 외국어를 배울 때 학습적인 부분과 더불어 정의적인 영역의 중요성을 주장한다.

아무리 좋은 수업이라도 학생들의 동기나 태도 감정이 불안하면 언어자료의 입력이 잘 이루어지지 않게 된다.

2. 내용 중심 교수법Content-Based Instruction

내용 중심 교수법CBI은 언어학습의 구조적인 부분에만 관심을 두고 언어를 독립적으로 학습하고자 했던 전통적인 교수법에서 벗어난다. 평소에 학습자가 익숙하고 흥미 있었던 과목을 선택하고 학습 동기를 높일 수 있는 교과를 통합함으로써, 제2 외국어를 배우기 위한 교수의 목적으

단순하게 몰입한다는 것

로 내용학습과 언어학습의 병행을 도모한다.

3. 전신 반응식 교수법Total Physical Response

전신 반응식 교수법TPR은 에셔James Asher가 창안해 낸 교수법이다.
먼저 듣고 그 후에 신체적으로 반응을 할 때까지 어느 정도 시간을 요하는 점에 주목하면서 어린이는 명령이 주어졌을 때 말보다 행동으로 먼저 모방한 후 일정한 기간이 지난 후에 스스로 언어로 반응하게 됨을 주목한다. 즉, 어린이는 언어를 배울 때 구두로 표현할 수 있기 전에 고도의 높은 듣기능력을 보유하고 있다.

어린이는 말은 못하지만 주위에서 명령하는 말을 듣고 복종하며 그 이후에 조금씩 말을 하게 되는 점으로 미루어 볼 때, 청취력은 언어의 구사보다 훨씬 앞선다고 볼 수 있다. 이 점에 착안하여 Asher는 청취력이 문자언어의 읽기나 쓰기를 위해서 선행되어야 한다고 주장한다.

전신 반응식 교수법의 전략은 학생들로 하여금 외국어로 말해진 영역을 들려준 후 즉각 신체 행동으로 반응하도록 하는 것이다.

전신 반응식 교수법은 외국어 학습에 있어 간단한 문장에서 출발하여 복잡한 문장에 이르기까지 듣기를 먼저 학습한 후 말하기를 할 때 더욱 효과적이라고 강조한다.

TWO

독기의
다른 이름
'몰입'의 힘

운동에 빠졌던,
아니 미쳤던 그때

기회는 준비되었을 때만
잡을 수 있을까?

스치는 순간을 기회로 만드는 기술, 몰입

내 인생을 바꾼 운명의 순간이 또 하나 있다.

(그것은 영어연극보다 강렬하게 평생의 인연으로 이어졌다.)

어느 날 TV를 보는데 스쿼시를 하는 사람이 고글 끼고 스윙하는 모습이 멋있어 보였다. 무작정 따라하고 싶다는 생각이 들었다. 그렇게 우연히 스쿼시를 수강하게 됐다.

그런데 관장님이 처음부터 매우 친절하셨다. 스포츠센터에는 오전에 회원이 거의 없는데, 특히 젊은 여자 회원들은 더욱 없다. 그래서 사실 이때는 어디를 가도 다들 친절하게 잘해주셨던 것 같다.

이 관장님 역시 젊은 여자가 혼자 배우러 온 것이 기특해서 잘해주겠거니 생각했다. 그런데 알고 보니 이유가 있었다. 스쿼시협회에서 대회를 개최하는데 참가자가 없었던 상황에 나를 본 것이다.

내가 인상이 강렬한 편인데 그날은 관장님도 강렬함을 느끼셨는지 인원수라도 채우려고 나에게 스쿼시대회 출전을 권유하셨다. 대회는 6개월 미만, 1년 미만, 2년 미만으로 나누어져 있었기 때문에 나에게는 6개월 미만을 나가면 된다고 했다.

"이 대회가 진짜 재미있어요. 사람들이 몰라서 그러는데 6개월 미만은 출전도 많이 안 해서 그냥 가면 무조건 입상입니다. 특별히 신입만 참가비도 지원해주니까 나가봅시다. 내가 보니까 일주일만 하면 되겠어요."

관장님은 나를 처음 보셨는데 나를 사용하는 매뉴얼을 알고 계셨다. (역시 남다른 영업력) 어느새 나는 참가신청서에 사인하고 있었다.

나는 일단 하겠다고 하면 열심히 하는 성향이다. 보통은 이 상황에서 거의 출전을 안 하고, 그냥 하다가 포기하는 경우가 많다. 왜냐하면 나랑 같이 사인을 한 다른 분들은 다들 포기했다. 그때 문득 한 달 남짓 남은 상황이니, 6시간씩 연습하면

6개월을 채울 수 있다는 생각이 들었다. 스쿼시라는 운동에 제대로 몰입해보기로 결심했다.

한 달을 태릉인처럼
운동에 몰입하다

연극 연습에 비하면 이것은 아무것도 아니었다.

매일 피멍이 들고 파스도 붙이면서 2주가 지나니 차에 파스 박스가 놓여지게 되었고, 그날의 훈련을 위해 아침마다 목욕탕에 가서 근육을 풀었다. 단백질 음료도 챙겨서 마시고 혼자 난리도 아니었다.

그때 완전히 몰입했고, 그래서 너무 재미있었다. 나와의 약속이었고 져도 아무런 상관이 없는 대회였기에 하기만 하면 나는 남들이 안 하는 도전을 한 셈이었다.

그런데 나로 인한 한 명의 희생양이 있었는데, 바로 지금의 남편이다. 당시 스쿼시장의 직원이었던 남편에게 관장님이 나를 좀 따로 봐달라고 한 것이다. 남편은 나와 관장님이 제정신이 아니라고 생각했다고 한다. 그런데 시간이 점점 지나면서 하루에 3번 이상 코트에 와서 연습하는 나를 보고는 본인도 진지해졌다고 한다. 살면서 초보가 스쿼시장에서 그렇게 진지한 건 처음이었다면서.

내가 스쿼시에 미쳐서 매일 운동을 하는 동안 나의 진지한 모습에 남편이 반했다. 역시 인생은 예상대로 흘러가지 않는다.

대회가 끝나는 날, 대회에 대한 아쉬움으로 우리의 첫 데이트가 시작되었다. 남편은 잡무에 대한 짜증이 어느새 사랑으로 진화했다고 했다. 인생에 대한 열정이 이렇게 무서운 거다. 그리고 나는 그 대회를 통해서 스쿼시를 나보다 못하는 사람들도 많다는 사실을 알았다. 서브조차 잘 안 되는 사람도 꽤 많아서, 목표로 잡았던 1승은 아무렇지 않게 할 수 있었다. 내가 이 대회에 도전했을 때 내 친구들도 미쳤다고 했다. 남친 없으니 심심해서 별짓을 다한다고.

··· 영어의 시작, 체육의 시작 ···

영어연극이 영어의 시작이면, 스쿼시 대회는 체육의 시작이다. '영어체육'은 이 두 사건에서 출발했다. 학교 다니면서 영어를 제일 싫어했고, 한 번도 영어를 사교육에서 배운 적이 없었고, 외국인은 저승사자만큼 무서웠다.

그렇다고 체육은 잘했을까? 절대 아니다. 학교 다닐 때 운동회에서 받은 1등 도장이 전부다.

엄마는 늘 동네 바보한테도 배울 게 있다, 바보라고 무시할 게 아니다, 동네바보 세 명만 있어도 그들에게 배울 게 있다는 말을 하셨다.

엄마는 섬에서 주부로 살면서 어떻게 그걸 알았을까? 엄마는 나에게 사교육을 시켜준 적은 없지만 아주 어릴 때부터 인생을 바라보는 관점을 알려주셨다.

지금 나는 '영어체육 전문가'로 활동하고 있다.

여기까지 오기까지 많은 사람들이 물었다. 어디서 유학을 하고 왔냐고? 랭핏을 하느라 20년 넘게 쉬어본 적이 없어서 유학은 꿈도 꿀 수 없었다. 사람들이 느끼기에는 유학이 새로운 분야의 준비라고 생각하는 것 같다. 그런데 유학을 갔다 왔다면 나는 이 일을 하고 있지 않았을 것이다.

스펙은 오히려 행동반경을 줄인다. 공부한 것이 아까워 도전의 범위가 넓어질 수 없다. 어느 학자의 말도 아닌 내가 직접 부딪혀 느껴본 현장에서 만들어진 날것의 경험이 모여 지금의 랭핏이 만들어졌다.

02

맨땅에
제대로 헤딩하는 법

그냥 한다는 것의 힘

2003년 9월 21일. 내 자취방에서 처음으로 아이들을 가르치기 시작한 날이다. 그때가 대학교 3학년 때였다. 친구 엄마에게 200만 원을 빌려서 시작했던 교습소는 지금 5호점을 거느리고 있는 랭핏의 전신이다.

조그만 자취방에 책상과 걸상을 놔두고 사업을 시작했다. 거창하게 사업이라고 했지만 지금 생각해보면 동네 구멍가게 수준도 안 된다. 내 자취방에다 책상을 두고, 샤워실에다 복사기를 두고, 화장실조차 다 같이 쓰는 공용 화장실이었다. 책상, 걸상도 중고였고 칠판만 반짝반짝 윤이 나는 새것이었다.

무슨 용기가 났는지 그 당시에는 두려움이 없었다. 상상도 못 할 만큼 부족한 영어 실력과 강의 시설을 가지고 사업을 시작했다. 잘될 것 같다는 확신이 있는 것도 아니었다. 다만 초기 자본금이 어떻게 하든 감당은 할 수 있는 200만 원이었기 때문에 '뭐 잘못하면 내가 매일 삼각김밥을 먹지 뭐!'라는 단순한 생각으로 시작했다. 딸린 자식이 없고 책임져야 할 사람 없다는 사실이 수백만 원의 자본금보다 강력한 빽이었다. 200만 원도 큰돈이었지만 벌 수 있는 돈이었다. 20만 원을 열 번 갚으면 된다고 생각했다.

··· 무일푼이라 오히려 마음이 편하다 ···

나는 한 번도 무엇을 쉽게 가져본 적이 없었다.

쉽게 손에 들어온 적이 없어서 본능적으로 알았다. 적어도 200만 원의 갑절의 노력을 해야 한다는 것을! 무식하면 용감하고 가진 게 없으면 씩씩해진다. 아는 게 없고 잃을 것이 없기 때문이다. 내가 씩씩한 이유는 무일푼, 흙수저이기 때문이다. 법정스님이 이러라고 알려준 무소유가 아닌데 무소유가 이럴 때 이렇게 마음이 편하다. 그저 내일부터 30분 더 빨리 일어나고 200만 원보다 더 많이 노력해서 갚으면 된다는 마음이었다.

금수저는 어렸을 때부터 쉽게 얻고, 처음부터 가진 것이 많다. 그래서 오히려 지킬 것이 많고 소심해진다. 그들도 피곤한 인생이다. 한편, 못 배우고 가진 것이 없으면 오히려 행동에 날이 선다. 그래서 생각이 단순해지고 명료해지니 고민하다가 보내는 시간이 없어진다.

대학도 졸업하기 전에 사업을 시작한 나는 남들과 다른 인생을 살게 되었다. 이게 마냥 좋았다는 것은 아니다. 아침 8시에 영어 수업을 하고, 4시까지는 학교 수업을 듣고, 4시 40분부터 밤 12시까지 아이들에게 영어를 가르쳤다. 대학교 교정을 여유롭게 걷거나 대학교 축제를 참여하거나 길에서 술에 취한 날이 손에 꼽힌다. 대학생활을 만끽하지 못했다는 아쉬움도 있다.

하지만 외롭게 사회생활을 먼저 시작한 것에 대한 보상도 분명히 있었다. 경제적으로 여유로워졌고 혼자서 일본에 뮤지컬을 보러가거나, 비싼 옷을 살 수도 있었다.

그리고 가장 좋았던 것은 남의 말을 들을 필요가 없었다. 의사결정을 잘 못하는 사람들을 보면, 주변에 사람이 정말 많다. 직장을 구하려고 해도, 심지어 남자친구를 만나려 해도, 주변인의 훈수 때문에 기회를 놓친다.

"에고~ 지숙아 괜찮다. 산 좋고 물 좋은 데가 어데 있노.
다 거서 거지(거기서 거기지)."

엄마가 상심해 있는 나를 위로해줄 때마다 늘 해주시던 말이다. 산다는 게 별거 없으니 놓친 선택에 후회하지 말고 긍정적으로 바라보라는 말씀이다.

생각해보면 인생이 결국 혼자다. (독고다이다.) 혼자 왔다가 혼자 가는 인생! 부처님 예수님 말씀도 안 듣는데 지인들 말에 휘둘리는 건 웃긴 일이지 않는가? 남다르게 살려면 남의 말을 들으면 안 된다. 오로지 매일 아침마다 내가 나한테 들려주는 내면의 말에 귀를 기울여야 한다.

우리는 매일 새로운 사람을 만나고 새로운 환경을 감당하면서 나도 모르는 사이에 많이 변화하고 성장하고 있다. 하루하루 달라지는 나를 알아보고 스스로 말을 걸어주는 일이 필요하다. 그래야 맨땅에 헤딩이 성공한다. 맨땅에 헤딩을 해야 성장을 한다. 이게 평범한 우리가 남달라지는 방법이다.

해보니 경험만큼 좋은 선생님이 없다. 성공은 한 걸음을, 실패는 두 걸음을 걷게 한다. 그런데 가본 자들은 알 것이다. 그 걸음이 결국 거름이 된다는 것을.

결핍의 결핍이 절실한
커스트마이징 키즈

재미없다는 말의 속뜻

놀이와 공부는 목적과 방식에서 차이가 난다.

그러나 아이들은 놀이를 통해서도 학습을 한다. 또래 친구들과 함께 뛰어놀며 사회성과 협동심을 기르고, 창의력과 문제해결 능력도 키운다.

놀이는 랭핏이 가진 주된 특성이기도 하다. 다양한 체육 활동을 통해 뛰어놀면서 자연스럽게 영어에 익숙해지도록 정교하게 짜여진 프로그램, 그게 바로 랭핏이다. 아이들은 공부가 주는 지루함을 잊고 게임하듯 즐겁게 영어에 빠져든다.

그런데, 이런 기획 의도를 처음으로 의심한 건 초창기 때 어느 한 아이의 투정 때문이었다.

"선생님 재미없어요. 저 안 하고 싶어요."

뭐라고? 처음에는 귀를 의심했다. 놀면서 영어를 배우는데 재미가 없다고? 아니, 왜? 온갖 생각이 머릿속을 할퀴고 간 끝에 '아무리 재미있는 수업이나 놀이라고 해도 모두가 좋아할 수는 없지. 그럴 수 있지'라며 애써 타협을 했다.

처음에는 아이의 말을 표면적인 의미 그대로 믿고 수업이 재미없을 수도 있겠다고 생각했다. 속상했다. 하지만 어쩌겠는가. 더 연구하고 고민할 수밖에.

그 일이 있고 한 달쯤 지난 어느 날, 기나긴 겨울 끝에 반갑게 찾아온 봄꽃처럼 마침내 진실의 꽃이 피어올랐다. 한 달 내내 그 아이를 유심히 관찰한 끝에 진실을 찾아냈다. 아! 그런 뜻이었구나. '재미없다'가 어떤 아이에게는 '이기지 못해 속상하다'라는 뜻이구나.

아이들은 생각보다 지는 것에 힘들어 한다. 용기를 내거나 마음을 먹는 것 따위가 아닌 생전 듣도 보도 못한 엄청난 시련으로 다가온다.

세대가 변했다. 내 첫 제자가 벌써 결혼을 하고, 아이를 낳아, 다시 랭핏에 보내려고 문의할 정도로 세월이 흘렀다. 랭핏에서 학습하는 아이들을 우리는 '랭핏터'라 불렀다. 예나 지금이나 호칭에는 변함이 없으나, 그 시절의 랭핏터와 지금의 랭핏터는 다르다.

지금 세대의 아이들은 뭐든 맞춤식으로 자라고 있다. 연필 하나하나마다 곱게 붙여진 앙증맞은 손글씨의 이름 스티커만 봐도 알 수 있다. 정말 작은 부분까지 맞춤형 환경 속에서 살고 있다. 어떤 아이들은 아디다스나 나이키 책가방이 아니라 전문 디자이너가 만든 한정판 가방을 메고 다닌다. 엄청 부유해서가 아니다. 이 정도 호사는 일상인 세대다.

여러 형제, 자매끼리 나눠 가지던 부모의 관심과 사랑을 한 아이가 독차지하고 있다. 게다가 요즘은 독신과 딩크족도 많아서 한 아이가 태어나면 양쪽 가문의 관심이 집중된다.

육아의 기술도 발전했다. 엄마들은 온갖 매체를 통해 정보를 수집하며 아이들의 정서와 지능 발달에 총력전을 펼친다. 그래서인지 요즘 아이들을 만나 보면 정말 '똑똑하다'는 말이 절로 나온다.

그러나 모든 현상에는 그림자가 따른다. 뭐든 맞춤식으로 자라는 소위 '커스트마이징 키즈'는 사회화 과정에서 아쉬운 부분이 드러난다. 대표적인 예가 결핍의 결핍이다. 목이 마르기도 전에 보호자가 물을 갖다 바치니 결핍 자체를 모르고 자라는 것이 문제다.

결핍이라고 하면 부정적인 뉘앙스가 강하지만 성장 과정에서는 결핍도 중요한 학습 과제다. 여러 상황에서 다양한 결핍을 느껴봐야 어지간한 좌절에도 무너지지 않는 강한 멘탈을 가질 수 있다. 일종의 마음의 백신이라 하겠다.

결핍이 결핍된 아이들은 특징이 있다. 패배를 인정할 줄 모른다. 게임에서 지기라도 하면 지구 종말이라도 온 것처럼 울어 젖힌다.

양보에도 서툴다. 집에서는 피자를 나눠 먹을 이유도 없고, 닭다리가 고작 두 개뿐이어도 아쉽지 않다. 둘 다 내 꺼니까.

늘 풍족하고 만족스럽게만 살다 보니 아이들은 '때로는 씩씩하게 지는 것'도 멋지다는 사실을 배울 수 없게 됐다. 결핍과 상실은 오늘날 사교육에서 가르쳐야 하는 '과목'이 되고 말았다. 문제를 만나야 문제를 해결할 수 있는 능력이 길러지는데, 문제가 없으니 문제해결 능력이 길러질 기회조차 없다. 이건 정말 문제다.

그런데 의도치 않게 랭핏에서는 영어만 가르치는 것이 아니라 실패를 연습하는 기회도 제공하고 있다.

"너만 이기면 친구는 재미가 없어. 경쟁에서 이길 때도 있지만 질 때도 있어야. 친구가 계속 너와 같이 게임을 하고 싶을 거야. 그러니까 지는 것도 꼭 필요한 과정이란다."

이런 설득은 아이들에게 내년에 받을 크리스마스 선물 만큼이나 멀게 들릴 것이다. 그래서 필요한 것이 보상이다. 때로는 용감하게 지는 친구에게도 상을 주는 것이다. 랭핏에서의 모든 활동은 승자와 패자를 나누자는 것이 아니다. 지속적인 도전과 매순간 최선을 다하는 노력 자체에 의미를 둔다. 그래서 평소에 단 한 번도 져본 일 없는 외동아이들은 오늘도 랭핏에서 지는 연습을 한다. 그렇게 자기도 모르는 사이 또 다른 역량이 키워진다.

··· 지는 법을 배워가는 아이들 ···

류시화 시인은 "인간은 소유하고 경험하기 위해 태어나지만 생을 마치는 날까지 하나씩 전부를 잃어버리는 것이 삶의 역설"이라고 했다. 밤톨 같은 우리 랭핏터들도 언젠가는 삶에서 많은 부분을 상실하게 될 날이 올 것이다. 그러다 마침내 인생의 마지막 커튼콜을 강렬하게 장식하게 될 때면 어릴 적 랭핏에서 키운 상실에 대한 면역이 비로소 빛을 발하게 될지도 모르겠다.

참으로 멋지고 괜찮은 사람들 사이에서 때로는 주고, 때로는 받으며 잘 살아왔구나 하고. 그렇게 자기 삶을 돌아볼 수 있으면 좋겠다. 상실와 패배에 분노하고 질투만 하는 것이 아니라 기꺼이 내어준다는 마음을 갖는 그런 대인배 말이다.

물론 아이들의 성장발달이 매번 어른의 기대와 의도대로만 이뤄지진 않는다. 지금도 '선생님, 쟤 울어요'라는 고함이 여기 상담실까지 들려오니까. 하지만 괜찮다. 이제는 굳이 내가 나서지 않아도 된다.

랭핏에서 아이들이 겪는 첫 격노의 경험은 어느덧 신입생 신고식처럼 되었다. 랭핏의 새 얼굴이 게임에서 지고 울고 불며 분노하게 되면 어느새 다른 아이가 내가 했던 말을 그대로 따라한다.

"한 사람만 자꾸 이기면 재미없어. 선생님이 이것도 필요한 과정이랬어."

이러니 내가 랭핏을 못 놓지! 아이들이 어엿한 랭핏의 팀원으로 자리를 잡아가는 모습이다. 어제까지 패배에 눈물 보이던 아이가 오늘은 우는 친구를 달랜다. 걸음마를 마친 아이가 이제 막 엉거주춤 서는 아이를 돕는 것이다. 물론 그 과정이 평화롭지만은 않다. 소리 지르고 떼쓰며, 다투기도 한다.

하지만 불협화음도 화음이다. 그 어떤 아름다운 연주회의 음악도 처음에는 다 불협화음에서 시작했다. 연주자들이 서로에게 맞춰가는 과정이 필요한 것이다. 불협화음이 화음이 되는, 부딪힘이 마침내 음악이 되기까지 그 모든 순간순간 아이들은 자란다.

커스터마이징 어덜트에게
필요한 것

실패의 두려움을 버려야 성장한다

아이들뿐만이 아니다. 커스터마이징 키즈가 있다면 세상엔 커스터마이징 어덜트도 있다.

사회공헌 차원에서 무료 강의를 하다 보면 단 한 번의 실패도 없이 쉽게 성공을 취하고자 하는 이들을 본다. 물론 열심히 공부하고, 컨설팅을 받는 이유가 최대한 실수를 줄이려고 하는 것이지만 실패를 극도로 두려워하는 태도도 문제다.

이런 비유는 어떨까? 꽃집에서 본 예쁜 꽃을 막상 집에 갖다 놓으면 얼마 못 가 시들고 만다. 그런 경험이 다들 한 번쯤 있을 것이다. 화초를 여러 개 죽여본 경험을 하고 나서야 비로소 집안을 초록초록하게 꾸밀 수 있게 되지 않나.

화초마다 다른 일조량, 급수량, 꽃 피우기에 적당한 토질까지, 이 모든 걸 책으로 배운다고 한 번에 성공하는 경우는 드물다. 그리고 전문가에게 들은 이야기인데, 화초가 죽는 거의 대부분의 원인은 물을 너무 많이 주기 때문이라고 한다. 과습보다 오히려 살짝 건조하게 길러야 더 건강하게 잘 자란다. 결핍도 양분이 된다.

그래서, 오늘도 성장을 꿈꾸는 당신이 부디 불편했으면 좋겠다. 부족함을 더 많이 느꼈으면 한다. 그 모든 불편과 결핍이 서로 부딪히고 깨지다가 언젠가 아름다운 화음을 이루게 될 날이 반드시 올 것임을 믿는다.

어른들도 여전히, 지금도, 순간순간 자란다.

당신도, 그리고 나도.

바빠도 가져야 할 시간, 몰입

목표가 굳건하면 흔들릴 틈이 없다

아이들을 가르치기 시작하고 벌써 강산이 두 번 바뀌었다. 지난 20여 년간 참 많은 것이 변했고, 그 변화엔 나도 포함되지만 한결같은 것이 하나 있다.

바로 호기심이다. 예나 지금이나 늘 세상만사에 관심이 많다. 세상은 정말 재미있고 흥미로운 것들로 그득그득하다. 오백 년을 살아도 다 못해볼 거 같아 아쉬울 따름이다.

호기심의 대상은 사람, 사물을 가리지 않는다. 처음 만난 외국인과 밤새 인생을 논하는가 하면, DIY에 꽂혀 밤새 나무판자들과 씨름하기도 한다.

뮤지컬 광고에 홀려 당일 예매하는 정도는 애교다. 점심을 뭐 먹을지 고민하다 일본 친구의 연락으로 갑자기 일본으로 날아가 스시를 먹고 오기도 한다. 갑작스럽게 스쿼시 대회에 나가기도 하고 느닷없는 주변의 부탁을 거절할 생각도 안 하고 제법 잘 들어준다.

이런 다방면의 호기심에 급한 성격을 버무리면 산만함이 된다. 좋게 포장해서 호기심이지 사실 객관적으로 봤을 땐 바쁘고 산만하다. 누구와 대화하는 도중에도 어떤 멘트 하나에 꽂히면 그쪽으로 이야기 흐름을 바꿔 버린다. 그때부터 내 머릿속은 새로운 호기심이 자욱하게 피어오른다.

이쯤에서 변명을 좀 하자면, 원래 대표가 하는 일 자체가 바쁘고 산만하다. 관리하는 지점도 여럿이고, 여기저기 맡은 직책도 많다 보니 오전엔 여기, 오후엔 저기, 이거 하다 저거 결정해야 하고, 그 와중에 다른 일도 틈틈이 고민해야 한다. 수백 가지 고민과 선택, 판단과 결정, 그리고 실행의 연속이다. 매일 뭔가를 판단하고 실행하고, 다시 결정하고 또 실행하고…. 단순하지만, 단순한 것이 수백 가지다. 그리고 그런 선택의 영역이 많아진 이유는 여기저기 발 담근 데가 많아서고, 또 그건 결국 호기심이 많아서다.

사방팔방 뻗어 나가는 호기심으로 매일 바쁜 일상을 살지만 가르치는 일만큼은 20년간 몰입해서 꾸준히 해왔다. 벌써 20년이라니, 새삼 놀랍다. 아이들과 함께하는 매 순간이 그저 좋았을 뿐인데, 순간이 쌓여 세월이 되었다.

많은 영감으로 산만해 보이는 삶 속에서도 끝까지 놓치지 않으려 했던 것은 '나를 가장 행복하게 하는 일을 내일도 하고 싶다'는 목표 하나였다.

처음 아이들 앞에 섰을 때도 느꼈지만, 앞으로도 이 일을 계속하고 싶다. 세상에 해보고 싶은 건 여전히 차고 넘치지만, 이보다 더 내 가슴을 뛰게 하는 일을 못 찾았다. 가슴이 뛰면 쉽게 지치지 않는다. 오히려 오래 쉬면 가슴이 무거워진다. 살아도 사는 게 아니다.

호기심이 멈출 뻔했던 세 번의 위기

자취방에서 처음 강의를 시작하고, 따르는 학생들이 하나둘씩 늘면서 공용 화장실이 불편해졌다. 마침내 단독 화장실이 있는 2층의 점포를 얻었고, 드디어 학원 원장이 되었다.

이후 20년간 길게 쉬었던 기간은 고작 4주에 불과하다. 두 아이를 낳고 나서 각각 한 달씩 합해서 8주, 그게 전부다. 일을 놓을 수도 없었고, 놓고 싶지도 않았다. 산후조리를 하는 와중에도 모의고사 문제를 만들었는데, 누구의 방해도 받지 않고 연구에 매진할 수 있어 오히려 좋았다.

'내가 좋아하는 일을 내일도 계속하고 싶다!'

오직 이 생각뿐이었고, 이런 고민이 내겐 경력 단절을 막는 최고의 비책이었다. 가진 거 하나 없고, 믿을 만한 배경도 없던 나홀로 인생. 스스로 불공평하다고 여겼던 내 인생. 하지만, 매 순간순간 몰입하면서 쌓아온 내 인생의 도미노는 그럭저럭 잘 굴러갔다.

사업을 하면서 위기가 한 번도 없었다면 그건 거짓말이다. 위험을 단 한 번도 겪지 않으려면 사업을 아예 시작조차 하지 않으면 된다. 그것이 유일한 방법이다. 랭핏 역시 그간 여러 번의 고비를 넘어왔다. 그중 기억에 남는 세 가지 고비가 있다.

첫 번째 위기는 대학원에 진학했을 때다.

교사 자격증을 따고 나니 조금 더 깊게 공부하고 싶었다. 연구가 너무 하고 싶어서 가르치는 일을 조금 줄이고 학업에 매진했다. 하지만 논문 쓰기가 너무 어려웠고, 저녁에 하는 대학원 수업은 스케줄이 맞지 않는 날이 많았다. 해법은 단순했다. 여가생활을 포기해야 한다. 학위를 딸 때까지 나의 일주일은 월화수목금금금이었다.

두 번째 시련은 임신을 하면서 입덧이 찾아왔을 때다.

강한 의지로도 어쩔 수 없는 것이 있다면 그건 바로 호르몬이다. 호르몬이 깡패다. 속수무책으로 당할 수밖에 없다. 임신을 하니 모든 것에서 냄새가 났다. 심지어 공기와 비에서도 비릿한 냄새가 났다. 원래 비염이 있어서 냄새를 잘 못 느끼는데, 후각이 수만 배는 예민해진 듯했다. 당시엔 입덧에 드는 약도 없어서 시간을 견디는 수밖에 없었다. 아이한텐 미안하지만 그때만큼 우울했던 시기가 또 있었을까 싶다.

세 번째 위기는 지긋지긋한 코로나19 시기였다.

랭핏 2호점이 오픈하자마자 코로나19를 겪었다. 앞으로는 아이들을 직접 만나서 가르칠 수 없을지도 모른다는 불안감이 가장 컸다.

랭핏 프로그램은 면역력이 약한 유치부를 대상으로 한다.

게다가 함께 모여 뛰면서 가쁘게 숨을 몰아쉬게 되는 피트니스가 기반이다. 당연히 전파력이 강한 코로나19의 직격탄을 맞을 수밖에 없었다. 그렇다고 포기할 수 없었다.

그래서 교재와 교구를 일일이 챙겨 들고 아이들 집을 한 집 한 집 찾아다니며 수업을 했다. 정식수업도 아니고, 환경도 갖춰져 있지 않아 수업이 원활하지 않았다. 수입을 포기하고 고생길에 오르기로 결심했다. 어떻게든 아이들과의 관계를 유지해야만 했으니까.

그런데 위기는 기회라고 했던가! 사회적 거리두기 정책은 오히려 다른 형태로 기회의 장을 열어주었다. 비대면 수업의 기틀이 세워졌고, 다시 팬데믹 상황이 온다 해도 끄떡없는 시스템이 마련되었다.

게다가 성인 시장까지 진출할 수 있는 발판이 마련되었다. 비대면 교육이 활성화되면서 배움에 시공간의 경계가 사라졌다. 카카오 오픈톡방을 만들자 전국에서 자기계발과 배움에 목마른 이들이 천 명도 넘게 모였다.

어떤 사업이든 사람을 모으는 것이 최대 관건이다. 모든 기회는 사람이 모여야 비로소 생기기 때문이다. 이렇게 위기 속에 또 다른 문이 열렸다.

06

산만한 일상에도
몰입이 필요하다

도미노에서 맨 앞 블록 세우기

도미노는 블록 하나하나가 서로 일정한 간격과 방향을 유지해야 한다. 그리고 시작은 엄지만큼 작은 블록이지만, 차츰 힘을 받기 시작하면 결국 거대한 벽돌도 쓰러뜨릴 수 있게 된다.

사업도 그렇다. 어떤 사업이든 작은 블록 하나를 놓는 데서 출발한다. 그 블록 하나가 다음 블록을 밀어주고, 다음 블록이 또 그다음 블록을 밀며 차츰 힘을 받는다. 적절한 거리와 방향만 맞으면 넘어지는 블록에 가속도가 붙는다. 그러면서 순식간에 엄청난 일들이 일어난다.

'한 달에 백만 원만 벌었으면' 하고 바라던 때가 있었다. 좁은 자취방이라는 작은 블록은 지난 20년간 가속도를 받으며 억대 매출을 일으키는 브랜드로 성장했다. 그 시작은 학원 보조강사였다. 그렇게 도미노 블록들은 가속도를 받았고, 이제 나는 다섯 개 지점을 가진 콘텐츠 기업의 수장이 되었다.

다양한 일을 하면서 명함도 많아졌지만, 지금까지 한결같이 내 본업은 아이들을 가르치는 것이다. 사방팔방으로 길게 늘어선 도미노 블록이 산만해 보일 수도 있다. 그러나 핵심은 서로 일정한 간격으로 이어져 있다는 것이다. 조바심을 낸다고 해서, 무턱대고 열정만 외친다고 해서 더 빨리 쌓아나갈 수 없다. 산만함도 결국 중심만 잘 잡혀 있으면 장점이 된다. 산만함의 중심을 잡아주는 건 방향성이다.

··· 사업이 도미노라면 무엇을 해야 할까? ···

사업을 도미노에 비유해봤다. 이 둘의 닮은 점은 또 한 가지 더 있다. 바로 시간이다.

도미노 블록을 세워나가는 데도 시간이 필요하고, 단계적으로 성과를 일으키는 데도 시간이 필요하다. 조바심을 내면 오히려 망치기 일쑤다. 단계별로 다음 블록을 잘 밀어주고 있는 블록에 고함을 지른다고 해서 더 빨리 쓰러지지도 않는다. 사업에는 시간이 필요하다.

블록을 시간에 비유하면, 매일 밤 자정을 기점으로 우리에겐 24개의 블록이 주어진다. 누구나 24개의 블록을 받지만 누구나 그것으로 성공적인 도미노를 쌓진 못한다. 이 시간 블록은 세 가지로 나눌 수 있다.

먼저, 단계별로 시너지를 내며 엄청난 성장동력을 가지는 (내 사업의 경우) 교육이나 멘토링 같은 가치를 가지는 초록색 블록이 있다.

두 번째로, 밥을 먹고, 잠을 자는 등 일상적인 일로 소비되는 노란색 블록이 있다. 이런 일상이 있어야 모든 블록이 서로 연결된다.

마지막으로, 낭비되는 것처럼 보이는 시간 블록도 있다. 이 블록은 빨간색이다.

초록, 노랑, 빨강. 신호등이 떠오른다. 차든 사람이든 빨간불을 마주하면 일단 멈춰야 한다. 그래야 교통 흐름이 원활해지고 보행자는 안전하다. 절대 조바심을 내서는 안 되는 시간이다.

인생에서 초록불만 있다면 어떨까? 쉼 없이 돌아가는 시스템엔 과부하가 걸린다. 더 빨리 성과가 나오는 것이 아니라 사방에서 벌어지는 일이 서로 충돌하며 혼란을 겪을 것이다. 그래서 빨간불은 반드시 필요하다.

낭비되는 시간처럼 보일 수 있다. 그러나 빨간불 앞에 멈춰선 시간에도 순차적으로 일은 이뤄지고 있음을 믿어야 한다. 이 멈춰선 시간마저 받아들이고 활용할 줄 알아야 24개의 블록을 활용해 도미노 게임을 즐길 수 있게 된다. 이것이 내가 산만해 보이는 일상에서 중심을 잡는 비결 중 하나다.

하나로는 부족하다.
몇 개 더 필요하다

> 아침에 일어났을 때 숨이 찰 정도로 운동을 하면
> 뇌가 최상의 상태로 각성한다.
>
> _ 하버드 의과대학 존 레이티(John J. Ratey) 연구팀

학습을 하기 전에 운동이 좋은 이유는 혈액 순환이 잘 돼서 뇌에 산소가

잘 돌기 때문이다.

운동과 학습의 관계는? (두뇌 활성화를 위한 운동)

노스캐롤라이나 대학교 연구팀은 30분 정도의 유산소 운동이 장기 기억

력 향상에도 좋은 영향을 준다는 것을 밝혔다. 연구팀은 참가자 48명에

게 글의 두 문단을 듣고 35분의 시간이 흐른 뒤에 단어, 내용 등을 기억

해내는 실험을 진행했다.

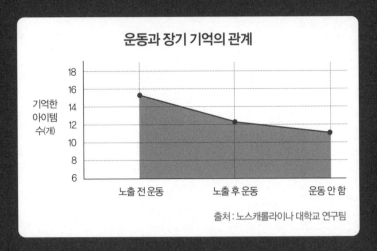

운동과 장기 기억의 관계

기억한
아이템
수(개)

노출 전 운동　　노출 후 운동　　운동 안 함

출처 : 노스캐롤라이나 대학교 연구팀

운동을 하면 심장이 신체 다른 부위뿐만 아니라 뇌에도 많은 혈액과 산소를 공급하게 되고 뇌세포에 영양 공급이 잘 된다. 규칙적인 운동은 BDNF(신경세포영양인자)*의 수치가 높아지게 하는데 BDNF가 많은 뇌일수록 더 많은 지식을 수용할 능력이 생기는 것이다.

*BDNF : 신경세포영양인자, 뇌에서 신경세포를 만들고 세포 기능을 개선하는 역할

정규 수업 전 아침 달리기의 효과(읽기와 수학 점수 향상)

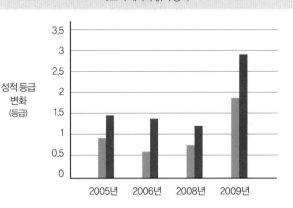

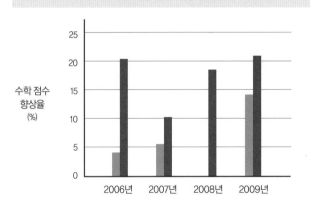

출처 : 네이퍼빌 센트럴 고등학교 홈페이지

THREE

결핍이 주는
절실함이
나를 깨운 순간

영어와 체육을 합쳤더니
새로운 가치가 생겼다

골리앗의 어깨에
올라탄 다윗

다윗이 던진 작은 돌멩이의 힘

"점들을 연결하라."

스티브 잡스가 2005년 스탠포드 대학교 졸업식 연설에서 했던 말이다.

나는 뜬금없게도 다윗이 골리앗을 상대할 때 썼던 투석구(投石具)가 떠올랐다. 영어로 슬링(sling)이라고 부르는 이 무기는 두 개의 줄에다 안대 모양의 천이나 가죽 조각을 연결해 만든다. 가죽에 돌멩이를 끼워 끈을 잡고 회전시키다가 적에게 던지는데 그 위력이 어마어마하다. 고대 그리스에서는 투석병이라고 해서 별도의 병종이 있었다고 한다.

다윗이 골리앗을 쓰러뜨릴 때 썼던 무기도 바로 이 슬링이다. 구약성서 〈사무엘서〉 상 17장에 나오는 다윗이 블레셋(펠리시테인)의 거인 병사 골리앗을 돌멩이 하나로 이겼다는 일화에도 나온다. 돌멩이(dots)가 끈을 만나 서로 이어지면(connecting) 이렇게 힘으로는 상대가 안 되는 골리앗조차 쓰러뜨릴 수 있는 파괴력이 나온다.

··· 돌멩이처럼 강력한 페인 포인트 ···

스티브 잡스가 말하길, 인생은 여러 개의 점들이 연결되는 것이라고 했다. 매일 아침 선물처럼 주어지는 하루를 점이라고 한다면, 그 무수한 점들이 모여 일주일이 되고, 한 달 그리고 일 년… 그렇게 마침내 한 사람의 인생이 된다는 것이다.

결국 인생이란 무수한 점들이 이어져 만들어진 하나의 획이다. 획(劃)은 줄, 그리고 점이라는 두 개의 뜻을 모두 가지고 있다. 수학적으로 표현할 경우, 하루를 적분하면 인생이고, 인생을 미분하면 하루가 된다. 미분과 적분은 모래시계의 위아래처럼 서로 분리될 수가 없는 하나의 존재인 것이다.

위아래가 따로 없는 모래시계는 실패가 성공이고, 성공이 곧 실패라는 교훈을 준다. 나는 다윗이자 골리앗이고, 골리앗이면서도 다윗이다. 점이 선이고, 선이 점인 것처럼.

 천하장사 출신 방송인 강호동 씨는 어느 토크쇼에서 선수 시절에 설사로 고생했던 일화를 말한 적이 있다. 설사병이 나면 제아무리 중요한 경기라도 의미가 없어진다며, 머릿속에는 오로지 화장실 생각으로만 가득 찬다고 말했다. 그동안 아무리 훈련을 열심히 해왔고, 열심히 대회를 준비했더라도 하늘이 노랗게 보일 정도로 강렬한 대장의 용트림 앞에서는 모든 게 부질없어진다.

 강력한 '페인 포인트(pain point)'는 순간을 지배해 버린다. 강력하면 강렬할수록 모든 것을 제치고 단숨에 우위에 선다. 다른 관점에서 보면, 페인 포인트가 하나의 강력한 무기가 될 수도 있다. 다윗이 쥔 돌멩이처럼 내 앞에 어떤 상대가 있어도 한 방에 제압할 만한 힘을 가지게 된다. 이쯤에서 중요한 포인트를 다시 짚어보자.

강력한 무기가 될 만한 하나의 점(돌멩이, 즉 페인 포인트),

그리고 연결!

··· 물음표와 느낌표 사이를 이었을 때 ···

'영어체육'이라는 말을 처음 입 밖에 꺼냈을 때 많은 사람들은 '우와!' 하는 느낌표보다 '응?'이란 물음표를 먼저 던졌다. 그게 뭐지? 그게 왜 같이 있지? 굳이 왜?

일반적인 관점에선 수많은 의문부호가 따르지만 이게 연구 주제가 되면 이야기가 달라진다. 논문의 연구 주제는 참신할수록 주목을 끌 수 있기 때문이다. 그런 면에서 '영어체육'은 새롭고 참신하며, 연구 가치가 넘치는 매우 흥미로운 연구 주제라고 할 수 있다.

길바닥에 흔히 굴러다니는 돌멩이라도 슬링에 끼우면 완전히 다른 존재가 되어 새로운 의미와 역할이 부여된다. 끈과 가죽을 이어 슬링을 만들면 그 어떤 대상에 붙은 물음표도 느낌표와 이어 엄청난 시너지를 일으킬 수 있다. 연결이 가진 힘이다.

이런 연결의 힘이 폭발적인 시너지 효과를 냈던 적이 있다.

어느 날 창업 동기가 진행 중이던 R&D 과제가 마침 아이들의 키 성장과 관련 있다는 걸 알게 되었다. 잘되길 바라는 마음에 연구를 도와줬는데, 그때 번뜩 떠오른 말이 바로 스티브 잡스가 연설에서 했던 'Connecting the dots'였다.

피실험자들은 초등학생들이었다. 초등학생을 대상으로 연구를 진행하기 위해서는 학부모, 그리고 학교 선생님들과 긴밀하게 소통해야 했다. 여기에 연구진들인 교수들까지.

사실 아이들 성장에 대한 임상 자료는 랭핏에도 굉장히 유용하다. 기회가 왔는데 주저할 이유가 없었다. 발 벗고 나서서 아이들을 중심으로 학부모, 교사, 그리고 유명 대학병원 한 곳을 서로 연결하도록 도와주었다. 각기 다른 위치에 있는 점들을 연결한 결과는 엄청났고, 좋은 경험이었다.

지금도 주변 지인들과 사업가들은 내게 묻는다.

지방에 있는 작은 브랜드가 어떻게 유명 대학병원과 협업을 할 수 있었느냐고.

서로 다른 지점에 있는 두 대상을 연결할 때 반드시 서로 동등한 규모여야만 되는 건 아니다. 다윗의 돌멩이, 그리고 그 돌에 힘을 실어줄 끈. 그거면 된다. 그렇지 않으면 실전에서 거대한 상대를 만났을 때 주저앉게 된다.

어느 분야에 풍부한 지식과 경험을 가지고 있다고 해서 반드시 성과를 내는 건 아니다. 이를 테면 제품 박람회 같은 데 가보면 현직 교수 본인이 개발했다는 제품을 직접 들고 나오는 경우가 있다. 제품기술력이야 나무랄 데 없지만 정작 소비자들에겐 어필되지 않는 경우가 많다. 일반인들에게는 7세 아이들도 알아들을 수 있을 만큼 쉽고 직관적으로 표현해야 한다. 그래야 전달이 된다.

이게 오로지 실험실에서 연구만 해온 교수들에게는 참 어렵다. 연구 개발과 마케팅, 세일즈는 완전히 다르기 때문이다.

해당 상품에 관한 풍부한 지식, 경험이 때때로 현장에선 아무런 도움이 안 되는 경우가 많다. 현장에서는 머릿속 지식이 아니라 몸으로 익힌 경험이 훨씬 유용하게 쓰인다. 돌멩이를 휘휘 돌려야 에너지가 생기는데, 그것도 다 경험이 있어야 할 수 있다.

보이지 않는 실로
이어진 인연

계속 갈망하고 겸손하라

자기계발과 성장에 관심 있는 분이라면 〈세바시〉라는 프로 그램에 대해 들어본 적이 있을 것이다. '세상을 바꾸는 시간 15분'의 줄임말로 인기가 많은 강연무대다. 사실 나도 세바시 무대에 오른 적이 있다. '세바시 대학' 과정을 이수하고 최종 선정이 되면 무대에 설 자격이 주어진다.

그런데 세바시 대학 과정을 수료하고 무대에서 강연까지 해 보니 운영상에 몇 가지 아쉬운 점들이 보였다. 세상에 완벽한 사람, 완벽한 상황은 없으니까 물론 그럴 수도 있다. 하지만, 세바시의 열혈 시청자이자 수강생인 동시에, 스타트업 대표인 내 입장에서 보이는 애정 어린 옥의 티랄까. 나는 세바시 무대 가 개인적으로 인생의 전환점이기도 했고, 매우 감동적인 순간이었기 때문에 이 프로그램에 애정이 많다.

무대를 마치고 내려온 날, 다른 출연자들은 감동의 도가니 속에서 자축을 이어갔다. 하지만 나는 조용히 숙소로 돌아왔다. 그러고는 내리 새벽 3시까지 그간의 일정에서 느낀 점을 썼다. 무려 A4 8페이지 분량이었다. PD의 개인 연락처도 알고 있었지만 실례라는 생각이 들어서 그냥 이메일로 작성한 보고서를 보냈다.

후일담으로, 내가 준 자료를 가지고 회의에 회의를 거쳐 곧장 다음 과정에 반영했다고 한다. 멀리서 지켜봐도 알 수 있었다. 그들이 나의 애정과 관심을 오해 없이 잘 받아들였다는 것이 여러 부분에서 느껴졌다. 내 보고서가 세바시 운영진들에게는 든든한 돌멩이가 되어준 것이다.

··· 다윗과 골리앗은 물리전이 아니다 ···

다윗과 골리앗은 사실 물리전이 아니다. 나의 약점을 파악하고 다른 사람의 허점을 찾는 고도의 심리전이다. 나와 상대의 약한 점은 관점을 바꿔야만 볼 수 있다.

세상에 지는 것이 뻔한 싸움은 없다. 아무리 불리한 조건이라도 단 1%의 역전 기회는 있기 마련이다.

오늘의 전투에서 질 수 있다. 그러나 그것은 패배가 아니라 내일의 승리를 위해 분석하는 기회일 뿐이다.

오늘 이기거나, 아니면 내일 이기거나! 물론, 상황을 세심하게 관찰하고, 전투를 길게 바라보는 여유와 넓은 시야를 가지는 사람에게만 해당하는 이야기다.

1980년대 파리는 전 세계 예술과 교양의 중심이었다. 그 중심에서 한참 떨어진 어느 외진 곳에 춥고 가난한 무리의 예술가가 있었다. 이들은 주류로부터 홀대 받았지만, 자부심만은 가득했다.

그들은 거대한 서사 대신 소소한 일상을 택했다. 비주류의 시선으로 포착해낸 일상은 캔버스에서 수줍은 듯 흐릿하게 묘사되었다. 당시 미술계의 주류, 소위 모범 답안에서 벗어난 그들의 그림은 당연히 외면을 받았다.

그러나 주류 따위에 전혀 신경 쓰지 않으니 오히려 더 자유로웠다. 새로운 미술의 정체성은 그렇게 탄생했다. 그들이 바로 오늘날 대중의 사랑을 받는 인상주의 작가들이다. 변두리 예술가들의 이름은 마네, 모네, 그리고 세잔이었다.

자, 이제 누가 골리앗이고 다윗인가?

… **"계속 갈망하고 겸손하라"** …

"Stay Hungry, Stay Foolish"

스티브 잡스가 대학 연설에서 남긴 또 다른 명언이다. 직역
하자면 '배고픈 상태를 유지하라', '멍청한 상태로 있으라'는
뜻이지만 의미를 덧붙이면 '계속 갈망하고 겸손하라' 정도로
해석할 수 있다.

사업을 하다 보면 온 세상을 발아래 둘 정도로 거대한 골리
앗처럼 자신감이 넘칠 때도 있다. 그러다 어느 날은 가진 거라
곤 돌멩이 하나가 전부인 다윗이 되기도 한다. 걱정할 필요 없
다. 가진 돌을 줄과 이어서 휘휘 돌리며 에너지를 만들어내면
된다. 그저 겸손한 마음으로, 끊임없이 갈망하면서.

영어체육이라는
새로운 신화

도전을 매일 숨쉬듯이

내 꿈은 어느 시골의 작은 영어학원에서 시작되었다.

현실보다 꿈의 덩치가 훨씬 컸던 시절이지만 아이들에게 영어를 가르친다는 것이 즐거웠다. 아이들에게 쏟는 시간과 정성이 곧 나의 미래에 대한 투자라고 생각되었다.

이상하게도 내가 베푸는 작은 정성이 누군가에게 기쁨이 되고 희망이 될 거라는 믿음이 있었다. 그렇게 작은 공부방에서 기업을 꿈꾸었다.

꿈이 비로소 현실이 되기 시작한 것은 '영어체육'이라는 분야를 최초로 개발하면서부터다. 꿈을 구체화시키는 방법 중 하나는 꿈을 실현하는 사람들을 직접 찾아가서 보는 것이다. 마침 남편이 체육 분야에서 일하고 있었는데, 주말에는 함께 영어교육과 체육에 관한 박람회를 찾아다니곤 했다.

　그러다가 우연히 한 운동용품업체의 본부장님을 만났다. 이후 가끔씩 소통하였는데, 어느 날 지방 출장길에 남은 물건이라며 1부터 12가 써진 숫자 매트를 주고 가셨다. 사교육이 불모지인 곳에서 영어체육으로 '고군분투' 하는 나를 응원하는 선물이었다. 이 숫자 매트는 '랭핏'의 디딤돌이 되었다.

　나는 어떻게든 숫자 매트를 수업에 활용해보고 싶었다.

　처음엔 간단한 문제를 화면에 띄우고 문제의 답을 숫자 매트에서 밟게 했다. 아주 단순한 형태지만 영어 공부를 책상 앞에서 하지 않고 게임 형식으로 진행하는 것에 아이들이 열광했다.

　아이들의 웃는 얼굴을 혼자 보기 아까워서 본부장님께 영상을 보내드렸다. 그러자 링크 하나를 보내왔다. 국민대에서 개최하는 스포츠산업 창업지원 프로그램이었다.

　당시 나는 두 돌이 갓 지나 1분도 가만히 못 있는 아들을 키우고 있었다. 세상 어떤 일도 육아보다 쉬워 보이던 때다. 창업도 마찬가지였다. 출산과 육아도 해냈다는 심정으로 일단 도전했다. 무조건 전진! 엄마로부터 물려받은 아마존 전사의 정신이 빛을 발하는 순간이었다.

지금 생각하면 말도 안 되는 일이다. 국민대 스포츠산업 창업 커리큘럼은 신청서만 내면 되는 다른 경진대회와 달리, 6개월 교육과정을 이수해야만 참가자격이 주어진다. 국내 창업 프로그램 중에서 이런 교육을 기반으로 한 과제는 좀처럼 찾아보기 어렵다. 과정이 길고 어렵다는 이유로 사람들이 아예 도전하지 않기 때문이다. 한다고 해서 붙는 것도 아니고 6개월의 고생길을 지나야 하기 때문에 다들 꺼려한다.

하지만, 나는 창업 분야에 대한 지식이 없었기에 이것이 유일한 기회처럼 느껴졌다. 이것이 또 반전이었다.

··· 시작을 위해 깨지고 다시 하고, 또 깨지고 ···

매주 토요일 새벽마다 비행기를 타고 서울로 올라갔다. 6개월 교육 수료 후 경진대회에서 1등 하면 주는 창업지원금이 3천만 원인데 6개월간 차비로 500만 원을 썼다. 어쩌면 미련한 일을, 도대체 뭘 믿고 했는지 모르겠다. 서울 사는 동기들도 토요일 아침 9시 30분 교육시간을 못 맞추기 일쑤였다.

그런데 세상에 제일 쉬운 일이, 그저 하기만 하면 되는 거 아닌가? 일단 가기만 하면 참가 신청이 주어지니 이렇게 쉬운 일이 또 있을까? (나는 그랬다.)

서울과는 400km나 떨어진 김해에서 매주 한 번도 빠짐없이 출석 도장을 찍었다. 먼 지방에서 올라온 촌스러운 아줌마는 어느새 20대 후반에서 30대인 말끔한 남자 동기 사이에서 눈에 띄는 사람이 되었다.

수업이 끝날 때쯤에는 나를 모르는 사람이 거의 없었다. 심지어 심사위원들조차 내 소문을 들었다고 한다. 정작 프로그램을 진행하는 본인들조차도 힘들다고 여기는 창업 교육과정을, 매주 비행기까지 타고 지방에서 날아오는 아줌마가 있다니. 그 사람이 십수 년을 공들여 지방 교육의 평준화를 위해 아이들을 위한 영어놀이터를 만든다고 하니, 그것만으로도 충분히 높은 점수를 줄 만했을 것이다.

돌이켜보건데, 이 코스는 한 치 앞을 못 보는 아마존 생활에서 가장 쉬운 레벨이었다. 게다가 귀찮고 어렵다는 주술에 걸려서 많은 이들이 포기할 것이 뻔했으니 마지막까지만 가면 경쟁률은 훨씬 낮아진다. 그냥 가기만 하면 되는 거였다. (물론, 절박한 나는 그랬다.)

아무튼 그 과정을 겪으면서 국내의 좋은 창업 인프라를 경험할 수 있었다. 결국 아무것도 이루지 못했지만 많은 것을 이루었던 시기였다. 그 무모한 도전이 지금의 나를 만들었다.

"세상에 필요 없는 도전 따위는 없다."

이렇게 나의 좌우명이 완성되었다.

창업은 처음에 한 사람에게서 시작된다. 때문에 그 브랜드의 기본 가치는 창업가로부터 만들어진다. 기업이 성공적인 비즈니스 모델을 통해 사회적 가치와 경제적 가치를 구현하여 영리를 취하고 실현하는 것도 중요하다. 하지만, 창업가는 스스로 만든 세상 안에서 행복해야 한다. 그래야 그 행복이 직원에게 전달되고, 직원이 느낀 행복은 고객에게 감동으로 전달된다.

아이들이 행복하게 공부하는 놀이터 같은 교실을 만들고 싶었지만 선생님의 사랑만으로는 한계가 있었다. 많은 고민 끝에 초창기 아이들이 수기로 계산했던 매트 플레이에 ICT(Information and Communication Technologies, 정보통신기술)를 붙이고 콘텐츠를 기획해 IT 프로그램을 만들었다. 그리고 모든 과정의 표준화, 수치화, 정량화에 집중하였다.

정신없이 내달렸다. 첫 시제품이 나오는 날이 되었다. 꿈속처럼 어안이 벙벙했다. 소프트웨어는 그렇다 치더라도 하드웨어는 정말 손이 떨릴 정도로 많은 시행착오를 겪었다.

초기 기획 단계에서부터 엄청난 변수를 감안하지 않으면 수천만 원이 공중으로 증발된다는 걸 경험했다. 그렇게 만들고 나서도 사용성 평가에서 뒤집어지기 일쑤다. 금형까지 간다고 하면 '천천'하던 돈이 '억억'거리게 된다. 천신만고 끝에 만들어낸다고 해도 마케팅까지 생각하면 차라리 에베레스트 등반이 더 쉬울 것 같다는 생각까지 해봤다.

매트 플레이에서 맘 브레인 센서를 탑재하고 레이저 센서까지 진화해 만들었다. 하지만 시간이 흐르면서 고도화된 기술이 아이들이 사용하기는 오히려 불편해서 다시 스위치형 센서로 복귀했다. 모듈이 뭔지 pcb가 뭔지 전혀 몰랐고, 목업(mock-up)도 처음에는 목수들이 하는 목작업으로 알았다.

이렇게 단순무식하게 시작했지만, 마침내 랭핏 ICT 에튜케어 플랫폼이 만들어졌다.

04

그래도 꿈을 꾼다는 건
좋은 일이야!

30억 자산이 있든 30억 빚이 있든 세 끼는 똑같다

이렇게 달려왔지만, 눈에 보이는 부를 쌓진 못했다. 지금까지 투자를 받지 않고, 번 돈을 모두 다시 투자하는 방식이었기 때문이다. 차도 리스고 집도 전세다. 많은 것을 가졌지만 아무것도 가지지 않았다. 아무것도 가지고 있지 않아도 나만의 사업 아이템이 있기에 모든 걸 다 가지기도 했다. 그리고, 이건 나의 꿈을 이뤄가는 과정이다.

꿈이란 건 무엇일까? 예를 들어, 운동을 어지간히 좋아해도 매일, 하루도 빠지지 않고 꾸준히 하기란 생각보다 어렵다. 하지만 행위에 '꿈'을 품으면 이야기가 달라진다. 운동선수가 되겠다든지, 건강을 되찾겠다든지, 몸짱이 되겠다든지 하는 목표 같은 거 말이다. 그럼 매일 정해진 시간에 무슨 일이 있더라도 어떻게든 운동을 하게 될 것이다. 평범한 일상 속에서 가지는 운동 시간은 한 걸음의 성장이 되고, 바쁜 상황에서도 지킨 운동 시간은 두 걸음의 성장이 될 것이다.

즐거운 일을 찾고 그것으로 매일 꾸준히 꿈을 꿔보자. 성공의 첫 단추는 어렵지만 '그럼에도 불구하고' 무심히 하루하루 꿈을 꿔보자.

나는 언제나 즐거운 꿈을 꾸었다. 내일은 오늘보다 상황이 더 나아질 거라는 희망의 꿈. 엄마가 보여준 아마존 여전사의 서바이벌 정신으로 오늘 하루를 살아내면, 실제로 그것이 현실로 이뤄지며 내일은 조금 나아지는 경험을 했다. 그것이 습관이 되었다.

예전이나 지금이나 아마존 여전사는 꿈을 꾼다. 차이점이 있다면 그 꿈의 사이즈와 농도다. 세상에 모르는 것은 있어도 못하는 건 없다는 마음가짐이 식어가는 열정을 채우고 꿈을 꾸게 한다. 어떻게 가도 서울만 가면 되는 것처럼 그냥 하면 되었고, 그 순간 행복하면 된 거다. 30억 빚이 있든, 30억 자산이 있든 세 끼를 먹고 잠을 자는 삶의 본질은 달라지지 않는다. 인생이 즐겁든 고통스럽든 우리는 하루하루를 어제로 떠나보내고, 더 나은 내일을 기다리며 오늘을 산다.

영어체육 스타트업 '랭핏'의 탄생 스토리

"어머! 어떻게 그걸 하게 되었어요?"

"어머! 어떻게 그걸 하게 되었어요?"

평소 자주 듣는 질문이다.

내가 운영하는 랭핏은 여느 학원과 비교하면 조금 특별하다. 처음 본 사람들은 별나다고 생각한다. 그도 그럴 것이 학원에 들어서면 당연히 있어야 할 책상은 없고, 아주 넓은 공간이 펼쳐지기 때문이다. 아이들이 뛰어노는 공간이다. 누가 봐도 체육관이지 도무지 영어학원이라고 할 수 없는 풍경이다.

··· 핀란드에서 영감을 얻은 영어교육 혁명 ···

랭핏의 시작은 10년 전으로 거슬러 올라간다.

모처럼 아이들을 일찍 재우고 혼자 느긋하게 TV를 보던 중이었다. 핀란드 교육 현장에 관한 내용이었는데, 그중 한 장면이 내 인생을 바꿔놓았다.

'세상에, 핀란드 아이들은 수학을 체육시간에 배우네!'

우린 '피라고라스의 정리'를 공식으로만 외우는데, 핀란드에선 피타고라스의 원리를 이용해 삼각형 달리기 놀이를 하고 있었다. 콘텐츠의 신선함은 물론이고 아이들 얼굴도 싱그러워 보였다.

당시 나는 5살과 2살의 두 아이를 키우면서 온통 학업에 찌들어있는 고등학생들을 가르치고 있었다. 자율학습을 마치고 좀비처럼 걸어 들어오는 아이들을 보면서 늘 새로운 영어교육에 대해 고민하던 때이기도 했다.

'아이들이 즐겁고 행복하게 영어를 배울 순 없을까?'
'공부가 꼭 이렇게 힘들고 어려워야만 하나?'

공부에 지친 고등학생들의 축 처진 모습을 보니 집에 있는 두 아이들의 미래가 그려졌다.

그렇게 선생님의 마음을 넘어 엄마의 마음으로 새로운 콘텐츠에 대해 갈망하기 시작했다. 그런데 막상 큰 아이가 5살이 되고 보니 영어유치원과 영어학습지말고는 선택지가 없었다. '공부는 책상 앞에 앉아서 하는 것'이란 고정관념에서 벗어나기가 쉽지 않았다. 나처럼 새로운 형태의 교육을 깊이 생각하던 엄마도 별수 없었다.

그때 마침 남편은 체육센터를 운영하고 있었다. 어느 날 현관문을 열고 들어오는 남편을 보는 순간, 갑자기 유레카를 외쳤다. 온몸에 전율이 일었다. 왔다, 마침내 그분이 오신 것이다. 영어체육의 신!

눈앞에 활짝 웃으며 뛰어놀던 핀란드 아이들이 어른거렸다. 아이들이 깔깔대며 웃는 소리가 귓가에 환청으로 들리기까지 했다. '아, 이건 무조건 해야 한다'라는 결심이 섰다.

그날 이후 온통 정적만 가득하던 교실은 변하기 시작했다. 책상과 의자는 한쪽 구석으로 밀려났고, 대신에 아이들이 즐겁게 뛰어놀면서 학습할 수 있는 운동장이 생겼다.

처음에는 아무런 체계가 없었다. 그저 수업 틈틈이 쉬는 시간마다 영어로 놀아주는 것으로 시작했다. 단순히 영어로 하는 놀이 활동 정도였다. 하지만 그 20분을 아이들은 너무나 즐겁고 행복해했다. 아이들이 이렇게까지 움직이고 싶었구나! 행복한 아이들의 얼굴을 볼 때마다 더욱 강한 확신이 들었다.

… 뛰어노는 것도 교육이라고? …

영어는 각 교육 커리큘럼마다 중요하게 여기는 포인트가 다르다. 어떤 교육은 문법을, 어떤 과정에선 단어를, 어떤 곳은 듣기를 강조한다.

그런데 영어교육을 한다면서 뛰어노는 것이 중요하다고 하니, 처음에는 나한테 우호적이던 학부모들조차 외면하기 시작했다. 어이가 없을 수밖에. 영어는 공부인데, 내 아이를 데리고 놀겠다고?

환호는커녕 처음엔 온갖 오해와 편견으로 시작되었다. 그래서인지 잘 다니다가도 아이들이 초등 3학년만 되면 그만두기 일쑤였다. 아이들이 아무리 재미있어 해도 주변에서 뭐라고 하니까 학원을 옮기는 것이었다.

4차 산업혁명 시대, 말 그대로 '혁명'이라 부를 정도로 세상은 빠르게 변하고 있다. 하지만, 교육 분야는 여전히 느리게 움직이고 보수적이다. 아이들이 마음껏 뛰어놀 때 가장 행복하다는 사실을 엄마들도 안다. 하지만 그 행복한 시간이 길어질수록 아이러니하게도 두려움이 생긴다. 내 아이가 성인이 된 먼 미래에는 행복하지 않을 것 같다. 그래서 역설적으로 아이로 하여금 지금의 행복을 포기하게 만든다. 먼 20년 후 미래에 행복하라고 말이다. 과거 자신의 경험을 바탕으로 아이의 미래를 대신 결정해 버리는 것이다.

그러다 보니 '영어학원'이라는 타이틀로는 구조적인 혁신이 어려웠다. 나 역시 알고 있었다. 스파르타식으로 운영하면 학부모님들이 다시 안정감을 느끼고 만족할 거라는 사실 말이다.

사람 성격을 분류하는 MBTI도 16개나 되는데, 모든 학생들이 공부할 때 반드시 책상 앞에 앉아야 하는 한 가지 방법만 있을까? 그러나 고정관념은 정말 깨기가 어려웠다. 원생들뿐 아니라 내 아들 서원이도 1교시부터 마칠 때까지 종일 책상 앞에만 앉아 있어야만 한다고 생각하고 있었다. 이런 가혹한 상황에서 계속 '혁신'만 찾다가는 당장 학원이 문을 닫을 판이었다.

랭핏이라는 새롭고 혁신적인 아이템을 주변 사람들에게 인식시키기란 각오했던 것보다 훨씬 더 힘들었다. '새롭다'는 건 '검증되지 않았다'라는 뜻이고, 그런 콘텐츠는 늘 불안을 동반한다. 정말 쉽지 않은 일이었다. 그래서 공부만 시키는 다른 영어학원들보다 실력 향상을 더욱 극명하게 입증시켜야만 했다.

기적은 때때로 평범한 일상처럼 아무런 징조도 없이 자연스럽게 일어나기도 한다. 아이들이 내 수업 시간에 방방 뛰면서 행복해하는 얼굴을 학부모들이 자연스럽게 보기 시작한 것이다. 모두 하나같이 고개를 끄덕이며 납득하기 시작했다. '아, 이게 영어공부가 되네?!' 하는 그 표정을 보면서 나 역시 랭핏의 성공적인 미래를 예감할 수 있었다.

'아, 이거 되겠구나!'

06

이상을
현실로 만드는 일

아이들을 한 줄로 줄 세우기

이상을 현실로 만드는 과정은 쉽지 않다.

영어체육 스타트업, 랭핏의 프로그램은 교사 입장에서 쉽고 만만한 것이 아니다. 단지 아이들과 뛰어놀기만 하는 것이 전부가 아니기 때문이다. 사실, 아이들과 뛰어노는 것조차도 힘든 일 아닌가.

세상에서 가장 어려운 일 중 하나가 유치부 아이들을 한 줄로 세우는 것이다. 해보면 안다. 아이들이 줄을 선다고? 그건 서커스만큼이나 어메이징한 일이다. 특히 남자아이들은 지구인이 아니다. 먼 안드로메다에서 온 존재임이 분명하다. 1초 아니 0.1초의 틈도 허락하지 않는다. 게다가 분명 서로 한국말을 하는데 소통이 안 된다.

… 아이들의 눈에선 반짝반짝 …

심지어 줄 세우기로 그치지 않고 아이들과 체육 활동을 해야 한다. 그것도 영어로. 수년을 해왔지만 여전히 쉽지 않다. 하지만 그 혼돈의 카오스 속에서도 한 줄기 희망의 빛이 보인다. 아이들은 뜻 모를 영어로 진행되어도 본능적으로 의미를 캐치하며 과제를 제대로 수행해낸다.

교사의 등줄기에는 땀이 줄줄 흘러내리고 목에서는 쉿소리가 나지만 매번 엄청난 희열을 느낀다. 바로 아이들의 눈에서 반짝반짝하는 별을 발견했을 때다.

… 부모들도 신기해서 믿게 된다 …

부모 입장에서는 그저 신기할 따름이다. 알파벳도 모르는 아이가 영어로 진행되는 온갖 프로그램에 저렇게 열심히, 즐거워하면서 참여하다니. 비결을 공개하면, 그건 어디까지나 아이들이라서 가능한 일이다. 아무런 편견 없이 나를 바라보기 때문이다. 상대방이 나를 향해 사랑을 주고 있다고 느끼면 아이들은 엄청난 신뢰를 보내준다. 랭핏이 성공한 가장 큰 비결을 꼽으라고 한다면 단지 이것뿐이다.

사랑을 주고, 신뢰로 돌려받는다!

랭핏은 지방 소도시에서 처음 문을 열었다. 서울 대치동에도, 목동에도 없지만 벌써 다섯 개의 지점을 오픈했고, 나름 지역에서는 규모 있는 학원 브랜드다. 운영비가 대치동에 비할 바는 아니겠지만, 아무리 지방이라 해도 새로운 지점을 오픈하면 처음 수개월은 적자를 각오해야 한다. 매번 엄청난 용기가 필요하다.

하지만 내가 가르친 제자들이 내게 보여줬던 눈빛이 나를 확신에 차게 만든다. 제자들은 하나같이 나보다 더 랭핏을 사랑한다. 그 애정을 못 잊은 몇몇 제자들은 성인이 되어 랭핏으로 돌아왔고 식구가 되기도 한다. 배우는 입장에서 가르치는 입장이 된 제자들은 나처럼 아이들의 눈빛에서 매일 별을 본다.

세상에는 수많은 교육 스타일이 있지만, 책상 없이 진행하는 수업은 몇 배로 힘이 든다. 힘들지만 지금도 운동장 같은 교실을 포기할 수 없는 이유는 단 하나, 반짝반짝 빛나는 아이들의 눈을 계속 보고 싶어서다. 오직 교사만이 누릴 수 있는 최고의 혜택이 아닐까 싶다.

개인적으로 가장 존경하는 인물로 이태석 신부가 가장 먼저 떠오른다. 지구상에서 가장 가난한 나라 톤즈에서 기숙사가 있는 학교를 만드셨고, 각고의 노력과 희생 덕분에 수많은 아이들이 꿈을 꾸게 되었다. 분명 이태석 신부님도 아이들의 눈에서 별을 보았을 것이다. 그리고 신부님을 따르던 제자 40여 명은 또 다른 생명을 구하는 의사가 되어 다시 기적을 행하고 있다.

눈은 마음의 거울이라는 말이 있다.

아이들과 대화하면 맑은 눈동자에 내 얼굴이 비칠 때가 있다. 그렇게 순수한 아이들과 수업을 하다 보면 나까지도 저 하늘에 슈퍼스타가 된 것만 같은 기분이다. 이것이 바로 나같이 평범한 영어 선생님이, 딱딱하고 무거운 교육현장을 웃음과 행복으로 채워나가는 힘이다.

합쳐라.
독보적인 것이 된다

"언뜻 보기에 우스워 보이지 않는
아이디어는 희망이 없다."

_ 알베르트 아인슈타인(Albert Einstein), 천재 이론물리학자

어떻게 영어를 움직이면서 배워?

적절한 신체활동이 아이들 성장 및 인지발달에 중요한 것은 누구나 알고 있다. 하지만 현실 속에서는 아이들의 뛰어놀 권리를 보장하기 어렵다. 사실, 아이들은 움직일수록 더 잘 배운다. 나는 수년 동안 수업 전, 시냅스 활성화 알고리즘을 이용해 아이들에게 움직이면서 영어를 가르쳤다.

랭핏(Langfit)은 그동안 학습 기반으로 만든 피트니스 콘텐츠를 검증하였고, ICT 기술을 구현하여 독자적 시스템을 개발하였다. 아이들은 움직이면서 배울 때 훨씬 더 잘 배우는 것을 넘어, 어느 순간 영어체육을

통해 배운 주도적 역량으로 어려운 문제도 더 잘 푼다는 사실을 논문으로도 입증했다.

랭핏은 인지과학적이고 정의적인 측면에서 학습하는 학생들이 행복해한다. 단순히 영어와 피트니스의 융합이라는 사실을 넘어, 아이들에게 즐거운 학습 플랫폼을 제공하고 있다.

● 에듀바이핏(Edu Bi Fit)

자전거 연동 프로그램으로 랭핏이 특수 제작한 문법 음원으로 내재화시킨 창의성 기반 영어학습 심폐 트레이닝 프로그램이다.

● 매트핏(Mat Fit)

매트에 써진 숫자로 영어 단어와 문법구조를 학습하는 게임형 수업이다. IT기술을 접목한 랭핏만의 특허기술이다.

● 민트핏(Mint Fit)

랭핏이 자체 개발한 레이저 디바이스로 순발력, 협응력, 민첩성 발달을 측성할 수 있으며 전 연령이 즐길 수 있는 통합 신체 놀이터다.

뻔하게 성공이나 수익이 보장된 길은 이미 많은 사람들이 달려든다. 거기에 당신이 만족할 만한 수준의 성공은 없다. 오히려 남들이 가지 않는 더 어렵고 험난한 길을 찾아 나서야 한다. 애초에 스스로도 어렵겠다 여기는 길은 타인이 보기엔 더 이해하기 어렵다. 그래서 '그걸 왜 해요?'라는 질문엔 사실 답할 필요가 없는 것이다.

굳이 그런 사람들을 이해시키려고 할 필요도 없다. 어차피 한 번도 경험해보지 못한, 또 경험해볼 생각조차 없는 이들이기 때문이다. 그들이 이해하건 말건 당신이 그 길을 가는 데에는 아무런 연관이 없다.

그걸 굳이 왜 하느냐고?

굳이 답을 하라면, 더 많은 실패를 경험하기 위해서 한다. 적극적으로 손해를 보기 위해서 한다. 실은 그 모든 과정이 성공의 다른 얼굴임을 알기 때문이다.

FOUR

고생을 사서
했더니, 오히려
득이 되었다

스몰 비즈니스를
안정적인 사업체로 일구다

7개의 직업
7개의 부캐

무엇이 잘될지는 해봐야 안다

나의 첫 수입은 백 원이었다.

어렸을 때 가족 행사날이나 아버지가 거하게 취하신 밤, 나는 TV 선반 위에 올라가 주현미의 '비 내리는 영동교'를 불렀다. 그때 출연료로 받은 돈이 백 원이었다.

새우깡 한 봉지 살 돈이면 언제 어디서든 숟가락 마이크를 잡았다. 30년도 넘었지만 지금도 추적추적 비 내리는 날이면 가끔 생각이 난다. 가족들도 여전히 어제 일처럼 이야기하곤 한다.

단란해 보이는 풍경이지만 가난에 찌들어 살기 팍팍한 시절이었다. 그래서인지 이미 슬하에 남매를 둔 부모님은 처음에

셋째가 생겼다는 소식을 듣고 기뻐할 수가 없었다. 당시엔 산아제한 정책도 있었고, 공무원이던 아버지는 셋째가 더더욱 부담스러웠다. 임신을 하고도 40kg밖에 안 나가는 아내가 걱정스럽기도 했을 것이다. 게다가 증조할머니는 당신께서 꾼 호박 꿈까지 들먹이며, 보나마나 쓸데없는 계집아이라며 수술을 강요했다고 했다.

이런저런 사정들로 오래 고심하던 끝에 엄마는 결국 아이를 포기하려고 병원을 방문했다. 그것도 무려 세 번이나.

처음 예약을 잡은 날은 마침 담당 의사가 갑자기 아파서 출근을 못했다고 한다. 두 번째는 버스가 정차하지 않고 병원을 그냥 지나쳐 버렸다. 세 번째는 어찌어찌하여 수술방까지 들어가는 데는 성공했다. 하지만 뭔가에 홀린 듯 병원을 그냥 나와 버렸다고 한다. 그렇게 천우신조로 살아남은 아이가 바로 나다.

뱃속에 있었지만 주먹만한 태아도 위기를 느꼈던 모양이다. 태동이 워낙 심했다고 하니 말이다. 살고자 하는 몸부림. 나의 이 어마어마한 생존력은 어쩌면 태어나기도 전부터 생겨났는지 모르겠다.

우여곡절 끝에 태어나긴 했지만 이후에도 살기는 녹록하지 않았다. 여느 가난한 집 막내들처럼 새 옷은 꿈도 꿔본 적이 없다. 딱 한 번, 일곱 살 소풍 때 멋진 옷깃의 핑크색 슈트를 새로 입었는데 아직도 선명히 기억난다.

당시 엄마는 나를 좋은 유치원에 보내기 위해 어느 사립유치원에서 원복 만드는 일을 했다. 덕분에 나는 형편에 어울리지 않게 사립유치원을 다닐 수 있었다. 하지만 소풍날에는 사복을 입어야 하는데, 엄마도 신경이 쓰였던 모양이다. 밤새 삯바느질을 해서 겨우 핑크색 슈트 한 벌을 마련한 거다.

큰맘 먹고 사주신 귀한 옷이었지만 정작 내 몰골은 화려한 옷을 제대로 소화해내지 못했다. 귀티라곤 눈을 씻고 찾아봐도 없었다. 누가 봐도 시커멓고 촌스러운 아이가 사진 한 장으로 남아 있다. 거무죽죽한 얼굴과 대비되는 신상 핑크색 슈트. 엄마는 지금도 종종 그 사진을 보며 웃곤 한다. 딸내미의 찬란한 봄날의 소풍을 위해 애쓴 추억도 있지만, '남의 집에 시집보낼 딸은 막 키워도 된다'라는 시할머니의 뜻을 거스른 최초의 반항이기도 했으니까.

이후로는 줄곧 언니한테서 모든 옷을 물려 입었다. 교복, 체육복, 하물며 신발에 실내화까지. 사정이 그렇다 보니 당연히 학원은 근처에도 가본 적이 없었다. 노래를 배우고 싶었지만 영어, 수학 학원도 못 다닐 형편인데 무슨…. 그래서인지 성인이 되고 받은 첫 월급으로 나를 위해 처음 돈을 쓴 곳이 보컬 레슨이다. 한이 되었던 모양이다.

자라면서 '무엇무엇을 해봤다'는 추억보다 못 해봐서 아쉬웠던 기억이 훨씬 더 많다. 그래서 이른 나이에 사업을 시작하면서부터는 겁도 없이 온갖 일에 도전하곤 했다. 사회경험도 없이 무슨 용기에서인지 불나방처럼 여기저기에 고집부리듯 열정을 부려댔다. 마치 오늘이 생애 마지막 날이라도 되는 것처럼.

도전과 열정이란 어쩌면 결핍의 다른 이름이다. 거제도라는 섬, 공무원 아버지, 없는 집 막내, 10살 차이도 안 나는 삼촌과 고모들과 왁자지껄한 생활, 대식구에 방이 모자라 증조할머니와 함께 지내던 유년 시절….

의지로 할 수 있는 일이 거의 없었던 어릴 적, 억눌려 있던 온갖 욕구들은 성인이 되자 봇물 터지듯 쏟아지기 시작했다.

마흔에 접어든 지금,
7개의 직업을 가지다

영어체육 전문가를 비롯해 학원 창업일, 학원생들의 영어노래를 만들면서 작사부터 가수까지 담당했던 음반 제작일, 컨설턴트, 커뮤니티 리더, 교재를 만들면서 이어진 출판일, 디자인 기획사 등을 통해 1인 기업가로 활동….

지금 하는 일들이 무엇인지 써놓고 보니 많긴 하다.

사람들은 직업에 대해 자격부터 논한다. 일부는 맞고, 일부는 틀린 소리다. 전문지식이나 태도를 비롯해 특정한 자격을 갖춰야 하는 건 맞지만 항상 그렇진 않다. 단지 돈을 벌기 위해서가 아니라 성장이 목적이라면 실행하고 구체적인 성과로 만들어내면 된다.

내가 직업을 확장한 과정은 자연스럽게 흘러갔다.

아이들을 가르치다 보니 나만의 콘텐츠를 만들어 창업하고 싶어졌다. 아이들을 위한 교재를 만들게 되었고, 어플리케이션도 기획하고 제작하기에 이르렀다. 자연스럽게 정부지원사업에도 관심을 갖게 되었고, 관련 경험이 쌓이다 보니 컨설팅도 가능한 수준에 이르렀다. 노하우와 인맥이 쌓이니 컨설팅 기회도 주어졌다. 그러면서 교육에 활용할 음원을 만들었는데, 정작 작사가와 가수를 구할 돈이 없어서 직접 가사를 쓰고 부르게 되었다. 그렇게 작사가와 가수 타이틀도 얻게 되었다.

모두 다 별개의 일처럼 보이지만 나를 찾아온 한 사람, 한 사람을 성장시키기 위한 관심과 노력에서 비롯된 결과물이라는 공통점이 있다. 그리고 어느 하나 작정하고 계획한 일이 없다. 마음이 이끄는 대로 따르다 보니 지금에 이르게 된 것이다. 이걸 한마디로 진정성이라고 하던가.

나의 이런 움직임이 누군가에게는 산만함으로 비칠지도 모르겠다. 그런데 온갖 결핍이 부추긴 산만한 도전은 어쨌거나 나를 성장시켰다.

... 가난한 인생에는 기회보다 위기와 결핍이 흔하다 ...

구구절절한 사연이 셀 수 없이 많지만, 정작 가난에 치이다 보면 힘들어할 겨를이 없다. 그게 진짜 가난이다. 가난이라는 강물에 빠지면 어떻게든 발버둥을 쳐야 한다. 그래야 살 수 있다. 힘들다고 투정 부릴 시간이 없다.

한편으론 성격 탓도 있다. 가난을 서럽다거나 불편하다고 느낀 적은 거의 없으니까. 가난은 그냥 가난일 뿐 거기에 어떤 의미나 불필요한 감정을 얹고 싶진 않았다.

도전을 가로막는 것들이 있다.

결벽증은 모든 것이 완벽해야 하고, 우울증은 모든 것이 의미 없어서 도전 의지가 꺾인다. 덧붙여, 산만하다는 건 뭐가 중요한지 모른다는 것일 수도 있다. 하지만 따지고 보면 완벽한 상황이란 존재하지 않고, 완벽한 자질도 있을 수 없다. 그러니까 의미란 건 내가 부여하는 것이고, 무엇이 중요한지는 해봐야 안다. 단지 지금 당장 뭔가에 도전한다는 그 자체로 의미가 있다.

오늘 하루 헬스클럽에 가서 열심히 운동한다고 살이 빠지진 않는다. 거꾸로 오늘 하루쯤 운동을 거른다고 해서 갑자기 살이 찌는 것도 아니다. 하루 이틀만으로 변화를 체감하기는 어렵다.

변화는 지속적으로 해야 드러난다. 오늘 하루 10시간을 운동하는 것보다 매일 30분씩 20일 동안 해야 몸이든 인생이든 바뀐다. 산만해도 된다. 서툴러도 괜찮다. 매일 꾸준히 실천하기만 하면 출발선은 떠난 셈이다. 일단 출발했다는 사실이 중요하다.

유명 인플루언서들도 처음엔 이웃 0명에서 시작했다. 자수성가한 여러 자산가들도 출발은 죄다 빚이었다. 어쨌거나 시작이 중요하다. 이것저것 재고 따지기만 해서는 아무 일도 일어나지 않는다.

30년 전, 방구석에서 '비 내리는 영동교'를 열창하던 백 원짜리 가수가 끝내 음원을 낸 가수가 될 수 있었던 것처럼 당신도 할 수 있다.

사실 음원 저작권료라고 해봐야 한 달에 고작 커피 한두 잔값에 불과하다. 성과가 대단하지 않아도 된다. 내가 지금, 뭔가에 도전하고 있다는 것만으로 의미가 있다.

그 작은 도전과 성취 경험이 하나씩 쌓이면 어떻게 될까?
지난 수백, 수천, 수만 가지의 경험을 깔고 앉은 나는
앞으로 또 무엇을 할 수 있을까?

내 인생의 무기가 되는
7개의 직업과 7개의 부캐

❶ 영어체육 전문가

(국내 최초 영어체육학원 대표, 영어 선생님)

❷ 에듀테크(학원 및 콘텐츠 기업) 창업가

(스타트업 창업, 정부지원사업 선정 지원)

❸ 음반제작 및 가수

(매년 학원생들 음반 발매, 작사, 유명 작곡가 섭외)

❹ 디자인 기획사 등 1인 기업가

❺ 교재 출판업

(학원 교재, 전자책 출간)

❻ 컨설턴트

(도움이 되는 사람들끼리 연결해주는 일, 마케팅 1:1 코칭)

❼ 마케터, 브랜드 사업가

(눈에 보이는 유형의 것과 무형의 것 등 가치를 파는 일)

02

왜 고생을
사서 할까?

7개의 직업으로 부와 운을 끌어당기기

나에게는 지병이 있다.

아무리 노력해도 고쳐지지 않는다. 평생 데리고 살아야 할 지병, 바로 '오지랖병'이다. 오지랖은 순우리말로 윗도리에 입는 겉옷의 앞자락을 의미한다. 단어의 뜻 그대로 나는 오지랖을 옷처럼 늘 입고 산다.

주변 사람들에게 도움이 된 적도 많지만, 가끔 볼멘소리를 듣기도 한다. 뭐, 그렇게까지 남의 일에 신경 쓰며 사느냐고 말이다. 오지랖도 과하면 참견이고, 참견이 지나치면 꼰대 취급을 받는다.

그래서 오지랖이 좋은 의미로 쓰이는 경우는 잘 없다. 그렇다고 꼭 나쁘다고 생각하진 않는다. 오지랖과 열정이 만났을 때 시너지가 엄청나다는 걸 여러 차례 경험했고, 덕분에 크게 성장할 기회를 얻었기 때문이다. 더군다나 오지랖은 내가 가진 7개 직업의 근원적인 힘이기도 하다.

오지랖이라는 순환의 고리에서 내가 얻은 것

지인 중에 식당을 하는 분이 있는데, 예전에 어느 교육원에서 우연히 만난 사이다. 다른 분들께 그 식당을 열심히 홍보해드린 적이 있다. 그런데 그분은 좋아하기는커녕 오히려 부담스러워 했다. 예상치 못한 반응이라 이유를 조심스레 여쭤보니 본인은 교육원에 공부하러 왔는데, 사람들이 식당 홍보하러 왔다고 오해할까 봐 싫으셨단다.

단지 그분을 위하는 마음이었는데 정작 당사자는 부담스러웠던 거다. 그래서 나는 죄송한 마음에, 또 오지랖을 부렸다. 교육이 끝난 후에 여러 차례 손님을 우르르 데리고 가서 매출을 올려드린 것이다. 결국 그분도 나중에는 내게 커피 쿠폰까지 보내주며 감사인사를 전했다.

또 한번은 경남도지사 간담회에서 경남지역 여성 대표 세 사람을 뽑는 자리가 있었다. 그때 뜻하지 않게 추천을 받게 되었다. 정치 용어로 '공천'이라고 하던가. 뉴스에 보도될 정도로 나름 중요한 자리였다. 그래서 더 의아했다. 왜 내가? 그런 자리는 비전 있는 유니콘 기업 출신이나 이력이 화려한 대표가 선출되기 때문이다.

나중에 알고 보니 여러 정부 과제를 수행하는 동안 담당 공무원들 사이에서 좋은 이미지를 쌓은 덕분이었다. 기억도 안 나지만, 정부 과제를 수행하며 오지랖을 많이 부렸던 모양이다.

도지사 간담회는 이런 에너지가 필요하다며 많은 분들의 추천을 받았고, 뉴스에도 출연했다. 처음으로 텔레비전에 내가 나오던 날, '비 내리는 영동교'를 노래하며 춤추던 그날처럼 나는 우리집 스타가 되었다.

이런 오지랖이 생각한 것처럼 긍정적인 결과로 이어지기만 하는 건 아니다. 속상한 소리도 종종 듣곤 한다. 그래서 공자님 말씀처럼 세상일에 정신을 빼앗기지 않는 불혹(不惑)의 40대를 맞이하고 싶었다. 활화산이 아닌, 그저 있는 듯 없는 듯 산소 같은 여자가 되어 보기로 결심했다.

새로운 모임에 가면 '이번에는 좀 조용히 있어야지', '아무도 내 존재를 모르게 해야지' 하고 마음을 먹는다. '이거 내가 할 수 있다고 손들지 말아야지' 맹세까지 한다. 그런데, 그게 마음처럼 잘 안 된다. 어느 순간 총무가 되어 있고, 또 어느 순간 다른 사람의 일을 거들고 있다. 이쯤이면 지병이라 할 만하다.

그런데 그 어떤 모임에 가도 내 눈에는 부족한 점이 자꾸 보인다. 내가 조금 손해를 보더라도 시간과 노력을 투자하면 모두에게 더 괜찮은 자리가 될 것 같다. 매번 오지랖 부리지 말아야지 하지만 순간을 못 참고 결국 또 손을 번쩍 들고 만다.

그런데 그렇게 숱한 오지랖을 부린 덕분에 많은 것을 얻을 수 있었다. 오지랖으로 누군가의 기대를 받다 보면 또 오지랖을 부리게 되고, 그 기대치를 채우려고 또 다른 도전을 하게 된다. 오지랖이 도전을 부르고, 도전을 통해 성장하고, 성장한 능력으로 또다시 더 넓게 오지랖을 부리는 순환의 고리에 과연 출구가 있기는 한 걸까?

가장 최근에 새로 가진 직업은 커뮤니티 리더다. 운영하고 있는 '우경마(우리 동네 경영 마케터)'와 '브라마(브라보 마이 라이프)'는 지식 나눔을 목적으로 시작한 오픈채팅방이다. 여기서 매주 지식과 경험을 나누고 있다. 그러다 보니 강제로 공부를 하게 된다. 내가 다루는 정보를 통해 사람들 사이에서 저절로 브랜딩이 되는 것은 덤이다.

… 프로 오지라퍼가 필요한 시대 …

한국인의 삶의 만족도는 10점 만점 중 고작 5.9점이라고 한다(통계청, 〈국민 삶의 질 2022〉 보고서, 2023). OECD 국가 중 최하위권이다. 더 충격적인 사실은 우리나라보다 삶의 만족도가 낮은 나라는 내전으로 사회적 갈등이 큰 콜롬비아와 대지진으로 삶의 터전이 무너진 튀르키예, 단 두 나라뿐이라는 사실이다.

또한, '공동체지수'라는 게 있다. 이것은 '내가 어려울 때 다른 사람으로부터 도움을 받을 수 있다'라고 응답한 비율이다. 그런데 이 항목도 우리나라가 꼴지였다. 내가 어려울 때 나를 도와주는 이웃이 없다고 여기는 것이다. 우리가 얼마나 외롭고 우울한 시대에 살고 있는지를 보여주는 통계다. 한때 두레와 품앗이 문화로 더불어 살던 민족이 오늘날엔 각자도생하게 되었다.

그럼에도 불구하고 우리 마음속엔 여전히 나눔의 본능이 남아 있음을 커뮤니티를 운영하며 여실히 느낀다. 생각보다 많은 사람들이 도움을 주고받기를 원한다. 게다가 받는 쪽보다는 이왕이면 주는 쪽이 되기를 원한다.

어쩌면 (나 같은) 프로 오지라퍼가 요즘 시대에 필요한 사람이 아닐까? 때로는 관심이 지나쳐 잡음을 일으키기도 하지만 오픈채팅방에서도 그런 잡음 덕분에 오히려 더 성장하고 발전해나가고 있다. 아무런 소음도 없다면 죽은 조직이다.

공동체 사회에서는 연결이 중요한 역량이다. 함께 모여 사는 사회에서는 자발적으로 타인을 돕는 행위가 핵심 가치가 된다. 그래서 나를 처음 보는 사람들은 내가 커뮤니티를 운영하고 있다는 사실만으로도 리더십 있고 성실한 사람으로 생각한다.

오지랖이 직업이 될 수 있었던 또 하나의 사례가 있다.

사실 영어는 부모의 경제적 영향을 많이 받는 과목이다. 어렸을 때 영어유치원을 나오거나, 유학을 다녀온 친구들이 아무래도 유리하다. 지점을 여럿 오픈하면서 느낀 점은 부모의 경제적 여건에 따라 아이들의 성취는 분명 다르다는 점이다.

집에 여유가 없으면 아무래도 아이들은 자신의 꿈에 도달하기가 더 힘들거나 시간이 오래 걸릴 수밖에 없다. 아이들은 누구나 영웅이 될 수 있지만, 어떤 아이는 자신에게 그런 능력이 있다는 사실조차 모르고 산다. 그런 아이들에게 꿈이 뭔지, 스스로 인생을 리드한다는 것이 무엇인지 느끼게 해주고 싶었다.

그래서 아이들과 함께 영어 음반을 만들기로 했다. 영어 노랫말을 함께 쓰고, 어느 유명한 작곡가를 무작정 찾아가 곡을 달라며 생떼를 부리기도 했다. 우여곡절 끝에 곡이 완성되었지만 가수를 섭외할 여력까지는 없었다. 그래서 노래도 직접 부르게 됐다. 그 덕분에 음반 기획자이자, 작사가이자, 3집 음반을 낸 가수가 될 수 있었다. 아이들의 인생에 부린 오지랖이 또 한 번 나를 성장시킨 셈이다. 매달 통장으로 입금되는 (아주 소소하지만) 저작권료를 보면 그렇게 뿌듯할 수가 없다.

오늘 할 일을
내일로 미루는 이유

실패를 발판으로 삼는 법

산타 할아버지는 우는 아이에겐 선물을 안 주신다.

이 말은 산타 할아버지가 일 년 내내 내가 착한 아이인지, 나쁜 아이인지 지켜본다는 뜻이다. 그렇다면 내가 힘들 때, 위기에 처했을 때 한 번쯤은 나서서 도와주지 않을까? 일 년 내내 지켜보다가 연말에 선물도 주는데 말이다.

이 외롭고 고달픈 인생을 살면서 어디든 기댈 구석 하나 있으면 든든하다. 아무리 신화나 동화 속 존재여도 말이다. 소공녀에 나오는 키다리 아저씨든, 백마 탄 왕자님이든 상관없다. 내가 힘들 때마다 누군가 나타나서 한 줄기 빛이 되어주는 상상만으로도 외롭고 지칠 땐 위안이 된다.

난 지극히 현실주의자이지만, 어떤 신적인 존재에 기댄다기보다 어떤 위기의 상황에서도 '결국은 다 잘될 거야'라는 근거 없는 믿음을 갖고 있다. 실제로 '다 잘될 거야' 마법은 제법 효과가 있다.

산타클로스를 믿던 아이는 이제 어른이 되었고, 선물보단 기왕에 현금이면 좋겠다는 삶에 찌든 바람도 가져본다. 사업을 하면 돈 들어갈 데가 너무 많아서 그렇다. 인건비는 매년 오르지, 각 지점들 물품에 유지보수 비용도 만만치 않다. 업장이 커질수록 한 번씩 넘어질 때마다 제법 소리가 크게 난다. 아이들은 원래 여러 번 넘어지면서 걸음마를 떼는데, 사업도 그렇다. 초창기엔 더 자주 넘어지기 마련인데, 다만 애들과 달리 다시 일으켜 세우려면 돈이 든다.

세상에 여유자금을 넉넉하게 갖고 시작하는 사업장이 과연 몇이나 될까?

이런 현실 속에서 산타클로스 역할을 자처하는 곳이 딱 한 군데 있다. 바로 정부다. 랭핏이 지금의 규모로 성장할 수 있었던 건 모두 정부지원사업 덕분이다. 처음엔 그저 건강한 대한민국 청년이라는 이유로 창업지원금을 받았다. 이후에 지자체의 소소한 지원사업에서부터 학술정보원의 초기 창업 패키지, 창업 성장과제 등 정부가 주는 밥을 먹고 자랐다. 덕분에 여러 시어머니, 즉 투자자를 두지 않고 지금까지 올 수 있었다.

누구나 노력하면 만날 수 있는 산타할아버지, 키다리 아저씨인 셈이다.

몰라서 그렇지, 정부가 마련해둔 창업지원 시스템은 꽤 훌륭하다. 나의 비전과 능력을 보여줄 수만 있다면, 혹은 아직은 능력이 출중하지 않더라도 소액이나마 지원금을 받을 수 있다. 그래서 대한민국은 창업하기 좋은 나라가 맞다.

실제 내가 멘토로 삼은 여러 선배들도 미국의 실리콘밸리보다 한국의 창업지원이 더 훌륭하다고 말한다. 하지만 정작이에 공감하는 이들은 찾아보기 힘들다. 누구는 정부지원금을 받아 사업체를 크게 키우고, 누구는 그러지 못하는 이유가 뭘까?

똑같은 조건, 다른 태도 그리고 다른 결과

정부가 만든 창업 생태계는 대단하지만, 실제 현장에 있는 도전자들이 만들어가는 창업 문화나 태도는 아쉬운 부분이 있다. 그 예로, 새내기 사업가들은 종종 성공 신화에 대해 거대한 환상을 품는다. 나도 열심히 노력하면 저렇게 될 수 있을 거라고 자기 최면을 거는 것이다. 찬물을 끼얹어서 미안지만 누군가의 성공 신화는 사실 약보단 독이 되는 경우가 더 많다.

실패를 겪었을 때 '저 사람은 되는데, 왜 난 안 되지?' 하며 스스로의 무능을 자책하거나, 내가 더 열심히 하지 않은 결과쯤으로 치부하기 때문이다. 자책할 수 있다. 그러나 자책으로만 끝나서는 곤란하다. 자책은 분석이 아니다. 실망, 절망, 자기 비하… 온통 감정적인 태도로는 다음 스텝을 기대하기 어렵다. 실패가 정말로 당신의 무능 탓일 수도 있다. 찬란한 성공의 이면이 실제 어떤 모습인지는 꼭 알았으면 한다.

실패 없는 성공은 없다. 너무나 식상한 비유지만, '실패는 성공의 어머니'라는 말은 사업을 해보면 진리구나 싶다. 모든 성공 창업가들도 수많은 실패를 거듭해왔다. 심지어 실패를 밥 먹듯이 해왔을 것이다.

'밥'에 비유했는데, 그만큼 일상적이어서 아무렇지 않게 여긴다는 뜻이다. 그 속사정을 모르니 마치 사업자등록을 하자마자 거래처나 고객들이 기다렸다는 듯 밀려와 장사진을 이룰 거라 여기는 것이다. 모두 환상이다.

대부분의 사람들은 타인의 성공을 부러워하면서도 지금 당

몰입을 빼앗긴 시대,
똑똑한 뇌 사용법

인스타 브레인

안데르스 한센 저 | 김아영 역 | 296쪽

**하루 2600번 핸드폰을 만지는 동안
우리 뇌의 회로가 변하고 있다!**

▷ 뇌과학 세계적 베스트셀러, 21개국 판권 수출

어른의 외국어 공부는
달라야 한다!

긴 인생을 위한 짧은 영어 책
긴 인생을 위한 짧은 일어 책

영어 박혜윤 저 | 224쪽   일어 김미소 저 | 208쪽

**평생 가는 외국어 공부는 어떻게 가능한가?
그 공부는 우리 삶을 어떻게 바꾸는가?**

▷ 퍼듀대 박치욱, 전남대 백승주 교수,
   정김경숙 전 구글 디렉터, 이다혜 씨네 21 기자 추천

오십부터는 왜 논어와
손자병법을 함께 알아야 하는가

모리야 히로시 저 | 김양희 역 | 272쪽

나이 먹도록 세상을 몰랐다

왜 자꾸 후회하는가? 실수를 반복하는가?
하나로는 부족했기 때문이다!
논어와 손자병법을 함께 읽어라.

▷ 동양 고전해설의 일인자

당신의 어린 시절이 울고 있다

다미 샤르프 저 | 서유리 역 | 264쪽

몸에 밴 상처에서 벗어나는 치유의 심리학

트라우마 치료 전문가의 연구 결과 집대성!
'몸의 심리학'으로 생각, 감정, 인생을
바꾸는 방법

▷ 독일 아마존 심리 1위, 국내 심리 1위

쉬우면서 재미있는
이야기 경매 책

가장 쉬운 독학 새벽하늘
부동산 경매 첫걸음

새벽하늘(김태훈) 저 | 328쪽

경매에 관심은 있지만 어려워서 못한다?
절대로 어렵게 경매공부 할 필요 없다!
입찰에서 명도까지 이 책으로 충분하다!

▷ 최고의 경매 멘토 새벽하늘의 1:1 집중 과외

경매 초보가
꼭 알아야 할 질문 TOP 88

투자N 저 | 432쪽

왕초보를 위한 경매 입문서

여름엔 여름농사, 겨울엔 겨울농사.
지금은 경매의 계절입니다.
기초부터 쉽고 확실하게 답한다!

▷ 서울·수도권에서 매년 10건 이상 17년째 낙찰

끌어당김의 법칙

다카하시 히로카즈 저 | 김양희 역 | 224쪽

양자역학으로 돈과 운을 끌어당겨라!

'돌고 도는 돈'이 왜 나한테만 오지 않나?
돈이 에너지라는 걸 이해하면
더 이상 통장 잔액에 얽매이지 않는다!

▷ 양자역학 코치가 알려주는 '끌어당김'의 비밀

'무조건 팔리는 기술'
심리와 스토리만 알면 팔린다!

무조건 팔리는 스토리 마케팅 기술 100
무조건 팔리는 심리 마케팅 기술 100

스토리 가와카미 데쓰야 저 | 296쪽
심리 사카이 도시오 저 | 280쪽

잘 파는 사람은
심리기술을 알고, 스토리기술로 판다

▷ 단번에 매출을 200% 올리는 설득의 심리학
▷ 사람 마음을 100% 움직이는 공감의 브랜딩

무조건 팔리는 카피

글렌 피셔 저 | 박지혜 역 | 368쪽

좋은 느낌 말고,
판매가 진짜 목표다!

홈쇼핑 광고처럼
전단지 광고처럼
즉각 매출을 올리는 무기 12가지

▷ 마케팅 분야 '직접 반응 카피'의 대가

무조건 팔리는
카피 단어장

간다 마사노리, 기누타 준이치 저 | 이주희 역 | 256쪽

20년 동안 베스트 상품 광고에 쓰인 카피 2000

유튜브, 인스타, 블로그, 각종 sns에서
이 카피만 따라 써도 무조건 클릭한다!

▷ 마케팅의 신 간다 마사노리의 대표작

장 실천하지 못하는 1만 3천 가지 핑계를 먼저 찾는다. 방법을 고민하는 것이 아니다. 게다가 그 사람이 겪었을 수많은 실패를 감당할 준비가 되어 있는지도 생각하지 않는다. 그 사람은 원래 재능을 타고났고, 환경도 좋았으며, 인맥도 넘치고, 자본도 충분했기 때문이라 여긴다. 물론 그렇게 성공한 이들이 없다고는 못하겠지만, 과연 전부일까?

실패를 기꺼이 받아들일 사람은 없다. 사실 나도 그랬다. 실패가 왜 실패겠는가. 어렵고 힘든 그 길을 아예 생각조차 하고 싶지 않은 것이 당연하다.

하지만 이런 실패에 대한 알레르기가 오히려 성공을 좀 먹는다. 시도 자체를 안 하게 되기 때문이다. 실패하지 않는 유일한 방법은 아예 도전 자체를 하지 않으면 된다. 다만, 도전하지 않는 것이 가장 큰 실패임을 알아야 한다.

사업에 있어 성공과 실패는 동전의 앞면과 뒷면이다. 원래 한 몸이다. 그래서 성공을 하고 싶다면 실패에 대해 의연해져야 한다. 그 많은 성공 신화의 주인공들도 스스로 성공과 실패가 한 끗 차이임을 일찍이 깨달았다. 그들이 겸손한 이유기도 하다. 오롯이 자기 재능과 노력만으로 일궈낸 성공이 아님을 깨닫고 나면 벼가 익었을 때 절로 고개를 숙이게 된다.

실패도 하다 보면
대처법이 생긴다

실패의 두 가지 종류

(거듭 말하지만) 성공과 실패는 동전의 양면과도 같다.

그리고 나의 성장을 돕는 건 성공이 아니라 오히려 실패다. 성장에 밑거름이 되는 실패에는 두 가지 종류가 있다. 의도적인 실패, 그리고 열정적인 실패.

'아, 이건 내가 죽었다 깨어나도 못하겠구나' 하고 일찍 포기할 줄 아는 건 의도적인 실패다. 실패라 표현했지만, 스스로 놓을 줄 알아야 다른 데 에너지를 쓸 수 있다는 뜻이다. 그러기 위해서는 내가 실패했음을, 또 충분히 그럴 수 있음을 인정할 줄 알아야 한다.

한편, 열심히 전력 질주한 끝에 찾아오는 실패도 있다. 프로젝트가 크면 클수록 성과를 높게 잡고, 그만큼 열정과 에너지를 쏟을수록 그 패배의 순간은 더 뼈아프게 다가온다. 하지만 아무리 망한 프로젝트라도 거기에 쏟았던 열정은 분명 내게 약이 된다. 그런 열정적인 실패가 나를 키운다. 한번 투지를 불태워본 사람은 언제든 기회가 주어지면 열정의 불씨가 금방 살아나기 때문이다. 원래 단 한 번도 도전해본 적 없는 자들이 불평만 늘어놓는 법이다.

나라고 해서 실패가 좋았겠나. 어디 말처럼 초연하게 즐길 수 있었을까. 랭핏이 처음 세상에 나오기까지 겪은 실패만 무려 열두 번이다. 그 이후로도 셀 수 없이 고생길이었다.

실패도 자꾸 겪다 보면 나름 대처할 여유가 생긴다. 왜 실패했나 원인과 대안을 찾기 시작한다면 꽤 단련되었단 소리다.

한때 여기저기에 어설픈 사업계획서를 들이밀던 때가 있었다. 사업계획서는 대체 어떻게 쓰는 건지 배워본 적도 없고, 어디 물어볼 인맥조차 없는, 아이 둘을 가진 주부가 정부지원사업에 붙기란 로또 복권 당첨만큼이나 어렵다. 그리고 실제로 내게 그런 기적은 일어나지 않았다. 당연한 결과다.

그러나 실패에 좌절하고 억울해할 시간과 여력이 없었다. 청년 창업은 나이가 생명이라서, 시간이 가는 것이 아까웠다. 시행착오를 줄여야 했다. 기왕이면 실패해도 경험으로 만들고 싶다는 생각이 들었다. 그래서 지원사업에 낙방하고 나면 매번 담당 공무원에게 전화를 했다.

"선생님 제가요, 아이 둘 키우면서 너무 힘들게 쓴 제안서입니다. 쓴다고 썼는데 대체 뭐가 부족한지 모르겠어요. 남편이 창업에 반대까지 해서 앞으로 기회가 많이 없을 것 같아 여쭤봅니다."

"정말 죄송한데, 제 사업계획서는 어떤 부분이 부족했을까요? 이런 전화 드리는 거 대단한 실례고, 민폐인 거 압니다. 근데 제가 너무 절박해서요."

간절함은 닫힌 마음도 잠금해제를 시킨다. 공무원들도 사람이므로 내 절박한 호소에 어느 정도 힌트를 주곤 한다. 그럼 그 조언을 바탕으로 다음 사업계획서에 반영해본다. 그렇게 성장하는 것이다.

이 모든 과정은 자신의 실패를 당당히 인정하고 받아들였을 때 가능한 일이다.

··· 성공의 자격 ···

성공이라는 영광의 순간을 누리기 위해서는 그만한 깜냥이 있어야 한다. 아이러니하게도 그 깜냥은 실패로부터 기를 수 있다. 어린 나이에, 그것이 실력이었든 운이었든 일찍 큰 성공을 거머쥔 사람이 훗날 실패를 겪고 재기 불능의 상태가 되는 경우를 자주 본다. 작은 실패들로 면역력을 기르지 못했기 때문이다.

지금은 실패라는 백신 주사가 무서울 수 있다. 창업 초기, 이제 막 걸음마를 떼려는 시기에 주사는 원래 두려운 것이 정상이다. 이럴 땐 근거 없는 희망이든, 미신이든, 뭐든, 기대보는 것도 괜찮다. 일 년 내내 내가 우는지 안 우는지를 지켜볼 산타클로스를 믿어도 좋다.

어느 교수님은 평소 '플래시 페이퍼'를 몇 장 들고 다닌다. 불을 붙이면 일반 종이와 달리 확- 하고 순식간에 타서 흔적 없이 사라지는 특수용지다. 마술사들이 흔히 소매에 미리 감춰뒀던 장미를 꺼낼 때 시선을 분산시키기 위해 쓴다. 그분은 명함 크기로 자른 이 용지에 골치 아픈 고민이나 걱정거리, 실패한 경험, 혹은 버리고 싶은 나쁜 습관 등을 빼곡하게 적는다.

그러고는 불을 붙여서 화끈하게 태워 없앤다. 그러면 마치 나를 괴롭히던 고민들도 함께 불타 사라지는 듯한 기분이 든다고 한다. 나를 괴롭게 하는 모든 부정적인 요소들을 덜어내는 그분만의 의식이다.

남들이 보기엔 유치한 불장난일 수 있다. 그러나 이런 의식(儀式)은 의식(意識), 생각을 바꾼다. 즉 대상이나 상황을 바라보는 인식을 바꿔주는 것이다. 기도 역시 마찬가지다. 기도가 신에게 닿기 전에 나의 간절한 마음이 운명을 바꾼다. 넘어져도 다시 일어날 마음만 있으면 된다. 그리고 성공이 아닌 실패의 시간이 나를 크게 성장시킨다는 믿음 하나면 된다.

그것으로 충분하다.

팀 빌딩의 시작은
패밀리 빌딩부터

무엇인가를 짓는다는 것

스타트업에서는 팀 구성을 '팀 빌딩(team building)'이라고 표현한다. 건물을 짓는 것과 같이 팀 꾸리기는 마음고생이 여간 심한 게 아니기 때문이다. 개척자 정신으로 시작한 창업은 오죽하면 눈에 콩깍지가 제대로 씌여야만 할 수 있다는 말이 있다. 나도 벼락처럼 '창업의 신'이 내렸나 싶을 정도로 신들린 듯이 몰아붙였지만, 그 과정을 처음부터 다시 하라면 솔직히 엄두가 안 난다.

용광로 같은 열정으로 창업을 했지만, 시간이 지나면 냉혹한 현실에 서서히 냉정을 찾기 시작한다. 의기투합과 열정 어린 애정만으로는 해결되지 않는 일이 생긴다. 그러면서 지겹도록 싸우기 시작하고, 곪은 것들이 터지기도 한다. 찐 사랑에는 산전수전이 필요하듯 스타트업도 그렇다.

자본력도 없고, 기술과 경험도 부족한 스타트업에게는 팀 빌딩이 초반 성장은 물론 이후 생존 여부까지도 결정한다. 호기로운 대표라면 본인만 노력하면 혼자 다 짊어질 수 있으리라 여길지 모른다. 나 역시 다른 사람 손에 맡기기보다 직접 하는 편이었다. 그게 속도 편했고, 속도도 빨랐다.

그러다 사업이 차츰 확장되면 팀 구성 능력이 무엇보다 중요하다고 느끼는 순간이 온다. 누구나 머리는 하나, 손은 두 개뿐이다. 게다가 시간마저 유한하니 결국 사람이 중요하다는 사실을 인정할 수밖에 없다.

사업을 떠나 우리 인간은 필연적으로 주변과 도움을 주고받아야만 한다는 사실을 첫 임신을 하고서 깨달았다. 출산이 임박해 오면서 그동안 내가 해왔던 일들이 그대로 멈춰버릴 위기에 처했기 때문이다. 그건 내게 공포 그 자체였다.

당시 나는 차분히 십자수를 두거나 조용한 클래식 음악을 듣는 대신 창업 책을 찾아 읽으며 태교를 대신했다. 우리 아들은 태아 때부터 아마 팀 구성을 알았을 것이다. 책 무덤 속에서 얻은 결론은 하나였다. 팀 빌딩이 중요하구나!

팀 빌딩이 사실 창업에만 필요한 것은 아니다. 작은 동아리 모임 하나를 꾸려도, 자원봉사를 할 때도, 심지어 가족 구성에서도 팀 빌딩이 필요하다.

··· 가족을 빌딩하다 ···

사람들이 나를 보고 놀라는 두 가지가 있다.

하나는 몰아치는 저세상 텐션이다. 또 하나는 결혼해서 아이가 둘이나 있다는 사실이다. 게다가 그 아이들을 베이비시터나 부모님 도움 없이 키웠다는 사실에는 경이롭다는 표현까지 한다. 아이가 둘인 엄마가 간 크게 사업을, 그것도 몇 개씩이나 하는 비결은 단순하다. 가족 구성을 팀 빌딩의 자세로 꾸린 덕분이다. 남편과 아들, 딸은 나의 첫 번째 팀원이다.

워킹맘의 경우 전지적인 입장에서 육아를 주도적으로 하기 어려운 위치다. 육아와 일, 두 마리의 토끼를 잡기 위해서는 반드시 누군가의 도움이 필요하다. 내 선택은 서브 팀원을 구하는 것이었고, 그건 바로 어린이집 선생님이었다. 내 아이들은 100일 지나자마자 어린이집에 갔다. 그것도 24시간 돌봄을 하는 어린이집이었다.

24시간 어린이집은 주로 한부모 가정이나, 주야간으로 일을 하여 아이들을 밤에 돌볼 수 없는 부모들이 찾는 곳이다. 그렇다 보니 아무래도 조금은 특수한 환경의 학부모가 많다. 지인들은 내가 이런 선택을 한 것에 의아해했다. 물 하나도 그냥 먹이지 않는 지금 커스트마이징 키즈 학부모님들은 상상도 못할 일이기도 하다.

아무튼 우리 아이를 7세까지 책임졌던 24시간 공공형 어린이집은 나의 창업에 지대한 공을 세운 제도다. 나는 직장인이 아니라 정해진 스케줄이 없다. 그래서 늦을 땐 저녁 9시 이후에 데려오기도 했고 때로는 아예 그곳에 재우는 날도 있었다. 워낙 어릴 때부터 우리 아이들에게 엄마는 바쁜 존재였기 때문에 엄마란 원래 그런 사람이라고 생각한다. 그래서 오히려 그 부분에 대해선 결핍이 없다. 상대적으로 생각해보면, 다른 아이들은 주말에만 엄마나 아빠가 오는데 본인들은 늦더라도 매일 엄마, 아빠가 데리러 온다는 사실에 기뻐했다.

누군가의 관점에서 나쁜 엄마일지도 모르겠다. 하지만 이 순간 가장 빛을 발하는 건 엄마로서의 중심이다. 나의 육아 철학에서 가장 중요한 건 '양보다 질'이다. 하루에 30분을 놀아주더라도 온 마음을 다했다. 단지 엄마가 바쁜 상황을 아이들이 받아들이고 적응해야 했다.

아무리 바빠도 육아에는 일관성이 있어야 한다. 그래서 육아 팀원으로 시터와 조부모님을 택하지 않는 과감한 선택을 했다. 시터는 언제 그만둘지 모르는, 신분을 알 수 없는 대상이었고, 우리 부모님은 손자라면 그저 뭐든 해주고 싶어 올바른 훈육이 어렵다. 그리고 무엇보다 부모님들의 인생이 중요했다. 내 새끼 키우자고 아마존에서 이제 막 은퇴한 엄마의 황금 같은 휴식을 방해할 수는 없었다.

우리 아들은 11살이 되면서 혼자 밥을 차려 먹을 수 있게 되었다. 혼자 마트에서 장도 곧잘 보고, 마트 포인트 적립까지 알아서 해온다. 시키지 않은 일까지 척척해 내는 예비 청소년이자 우리집 수석 팀원이다. 주변 정리 정도는 시키지 않아도 척척 한다.

우리 가정은 남편과 내가 창업을 했고, 아이 둘이 팀 멤버다. 정기적인 교류로 팀 빌딩을 하고 모든 결정을 할 때는 토론을 한다. 때로는 설거지도 가위바위보로 정한다. 고기를 먹은 날 아이들이 설거지를 할 때 그릇의 꾸덕꾸덕함이 상상되어 썩 내키진 않지만, 그렇다고 내가 하는 순간 가위바위보의 룰은 깨진다. 리더의 고통이 곧 팀원의 성장이기에 가정의 대표이사로서 꾹 참는다.

최고가 되어 떠나라! 배달의 민족에는 이렇게 써 있다고 한다. 직원이 입사하고 마침내는 최고의 인재가 되어 내보내는 것이 리더의 덕목인 것처럼 우리집도 아이들이 20살이 되면 퇴사를 해야 한다. 계약직 20년이면 더 나은 조건을 찾아 떠날 때도 됐다.

어렸을 때부터 그렇게 듣고 자란 이유에서일까? 우리 아들은 벌써부터 무엇으로 돈을 벌지 고민이다. 생존 능력이 강한 아들은 무슨 일이 생기면 어떻게든 살아남으려고 문제해결력을 키웠다.

예를 들어, 포켓몬빵이 한창 유행할 때, 일주일 내내 모았던 돈을 들고 자전거를 타고 나갔다. 빵이 들어오는 편의점, 동네 슈퍼, 홀 세일 마트를 돌며 입고 시간을 살폈다. 아들 말에 따르면 맨날 가서 그냥 돌아오는 날이 많아지면 주인 아저씨들이 알아서 시간을 가르쳐준다고 한다. 그러고서는 물류 차 노선을 생각해서 가장 손님이 많고 붐비는 곳은 동생을 외주용역으로 세워두기까지 했다. 손님으로 붐비는 곳이 물량도 많다는 사실을 깨우쳤기 때문이다. 그렇게 동생을 세워놓고 자신은 상대적으로 경쟁률이 낮을 곳을 먼저 공략하는 치밀함까지 갖췄다.

엄마가 알아서 사주는 여느 아이들과 달리 그런 건 '절대 해줄 리가 없는 엄마'임을 아는 아들은 자신의 용돈으로 포켓몬 빵을 무려 세 개나 구매했고, 마치 장원급제한 이몽룡처럼 집에 오곤 했다.

··· 아들을 진정한 팀원으로 인정하기까지 ···

그러던 어느 날이었다. 선생님들로부터 아들이 계속 숙제를 안 해온다는 피드백이 많아졌길래 한동안 유심히 살펴보았다. 휴대폰 게임에 중독된 것도 아니고, 일상이 무너진 이유를 좀처럼 알 수가 없었다.

그러다가 청소를 하던 중 책상 사이에서 아들의 지갑을 우연히 발견했다. 그게 판도라 상자가 되었다. 지갑에는 무려 15,000원이나 되는 거금이 있었다. 현금이 생기면 포켓몬빵을 사기 바빴던 걸로 알기에 출처가 쉽사리 짐작되지 않았다. 알고 보니, 자금의 비밀은 중고거래 사이트에 있었다. 내 아이디로 로그인을 해서 그동안 모았던 띠부씰을 매물로 올려놓았고, 그 돈은 어느 아저씨와의 거래한 결과물이었다.

그 와중에 놀라웠던 사실은 그 아저씨가 어른이라 거래가 불편했던 아들이 코로나를 빌미로 아저씨와 소화전을 두고 비대면 거래를 했다는 거다. 고작 초등학생인 아들의 노련한 경제활동에 경악을 금치 못했다.

처음에는 혼내기도 했지만 결국 남편과 나는 우리가 아들을 그렇게 키웠다는 결론을 내렸다. 우리 아들은 매우 강하고 튼튼한 나의 팀 멤버지만, 세상에 대한 적응력을 너무 빨리 키운 탓에 그 반대급부로 공부를 안 하는 부작용이 생겼다. 실제로 본인이 노력해서 그런 결과물을 만들어내는 아들 입장에서는 당장의 성과가 있는데, 불투명한 교과서 공부가 재미있을 리가 없었다.

어렸을 때부터 사업하는 엄마를 보았기 때문에 워터파크에서 파는 5,000원 컵라면에 분개하고, 집에 정수기가 있음에도 생수를 사 먹는 것에 속상해 한다.

가족회의 결과, 내년부터 아들은 요리학원에 가기로 했다. 아들이 장을 보고 요리를 하면 내가 그 반찬을 사기로 한 것이다. 레시피와 마케팅 포인트를 어떻게 잡을 것인지 아들 팀원은 벌써부터 들떠 있다. 당장 다니고 싶어 하지만 아직은 키가 작아 조리대를 사용하기가 어렵다. 그래서 아들은 열심히 줄넘기를 한다.

내가 낳은 아이지만, 동시에 나의 팀원이기에 아들의 공부에 과감히 신경을 끄기로 했다. 공부를 해야 하는 이유는 본인이 해야 하는 최소한의 '사회적 책임'이라는 정도로 마무리를 지었고, 어느 정도 의무를 다하는 것으로 합의했다.

평생 나와 함께할 수 없는 직원처럼 아들도 언젠가는 내 곁을 떠나갈 팀원이다. 가정 안에서 최상의 포지션으로 역량을 높이고, 최고가 되어 가정을 떠나가면 될 일이다.

몰입하는 사람에게
꼭 필요한 디톡스

잘 쉬어야 집중력이 늘어난다

분명 업무인데 업무가 아닌 듯한 일이 있다. 게다가 하루 중 은근히 많은 시간을 잡아먹는다. 바로 전화 통화다. 세어본 적은 없지만 많은 날엔 수십여 통이다.

서류를 보충해 달라, 상담이 필요하니 연락해 달라, 이거 결정해 달라, 저거 확인해 달라…. 어떤 날은 전화 응대만으로 하루를 보낸 적도 있다.

특히, 2월은 랭핏에 문의가 폭주하는 달이다. 감사하게도 매년 신청자가 몰려 대기자 수는 점점 늘고 있다. 그런데 하루에도 수십 통씩 쏟아지는 전화 응대를 하다 보면 실수가 생긴다. 자칫 대기번호라도 잘못 말했다가는 가뜩이나 불이 나는 전화기에 기름까지 붓는 격이다.

랭핏에 문의를 한 학부모끼리도 서로 소통을 한다. 그래서 오해의 여지가 있는 사소한 멘트 하나가 크게 부풀려질 수 있다. 말 한마디에도 바짝 신경을 곤두세워야만 한다.

어디 전화뿐이겠는가? '대표님, 바쁘시겠지만'으로 시작하는 카톡에 문자 릴레이까지 가세하면 종일 전화기를 손에서 놓지 못하는 날이 많다. 전화나 문자 응대도 분명 업무이긴 하지만, 문제는 책상 앞에서 하던 일의 흐름이 뚝뚝 끊어져 버린다는 점이다. 효율은 당연히 떨어지고, 때로는 괜히 신경마저 날카로워지기도 한다.

업무 흐름을 끊는 맥 커터(脈 cutter)들은 곳곳에 있다. 대표 외에도 엄마, 학부모, 아내 등 다양한 역할들을 수행하다 보면 하루가 어떻게 가는지 모를 지경이다. 아침엔 초록어머니가 되었다가, 대표로 미팅에 참석하고, 오후에는 선생님, 저녁에는 다시 아내가 된다. 그렇게 매시간마다 완전히 다른 장르의 드라마를 써 나간다.

서로 다른 성격의 일을 번갈아하다 보면 혼선이 생기기 마련이다. 0과 1로만 작업을 수행하는 컴퓨터도 오류가 생기는데, 하물며 사람은 당연하다. 여기저기 뛰어다니다 보면 어느 순간 집중력이 떨어지고 있음을 느낀다. 그럴 때면 불안해진다. 뭔가 중요한 걸 놓치고 있다는 기분이 든다.

실제로 뭘 놓쳤든 아니든, 신경이 바짝 곤두선 상태라는 뜻이다. 그런 날이 이어지면 아침 기상 알람마저 탱크소리처럼 느껴진다. 눈 뜨자마자 공격 태세로 전환되기 때문이다. 알람이 탱크소리로 들릴 때, 바로 디톡스가 필요하다는 신호다.

··· 라이프 디톡스가 필요한 순간 ···

신경이 곤두선 채로 일상을 지내다 보면 아무리 강철 멘탈이라도 마음에 독소가 낀다. 이럴 때 바로 디톡스(detox)가 필요하다.

나의 해독법은 칩거다. 핸드폰을 무음으로 해놓고, 혼자 조용히 시간을 보낸다. 디톡스라고 해서 거창할 필요는 없다. 가뜩이나 일상도 복잡한데 디톡스까지 어려우면 안 된다. 어떤 문제든 해법은 언제나 단순해야 한다.

잠수를 탄다고 해봐야 고작 반나절이다. 더 길어지면 문제가 생기니까. 사실 일주일에 반나절도 자리를 비우지 못할 정도라면 시스템을 다시 점검해봐야 한다. 모든 일을 대표가 할 수는 없기 때문이다. 대표가 없어도 조직이 굴러가야 정상이다.

디톡스에 들어갈 땐 어떤 혼란한 상황도 과감히 무시하는 용기가 필요하다. 그건 정말이지 용기다. 나 없이도 팀원들이 제 역할을 잘 수행해줄 거라는 믿음도 필요하다.

휴식이라고 하지 않고 굳이 디톡스라고 표현하는 이유는 단순히 재충전의 효과뿐만이 아니기 때문이다. 짧게나마 잠시 일에서 벗어나 보면 사업이 어느 방향으로 흘러가고 있는지가 보인다. 현상의 소용돌이 한가운데 있을 땐 볼 수 없는 것들이 있다. 한 걸음 뒤로 물러났을 때 비로소 바람의 방향이 보인다.

숲속을 거닐며 디테일을 살펴야 할 때가 있고, 숲을 빠져나와 항공뷰로 전체를 조망해야 할 때가 있다. 사업은 다양한 각도에서 시야를 넓게도, 때로는 좁게도 볼 줄 알아야 한다. 실제 업무의 한가운데서 잔뜩 스트레스를 받으면 시야가 좁아진다. 눈앞에 상황에만 집중하게 되는데, 이를 터널 시야라고 한다. 당연히 주변을 살필 겨를이 없다. 나쁘다고 볼 수는 없다. 시급한 사항은 오로지 거기에만 에너지를 쏟아야 한다.

그러나 상황이 끝나면 다시 주변도 살펴야 한다. 디톡스를 하다 보면 마음이 편안해지면서 저절로 시야가 넓어진다.

겪어보니, 날카로움의 정도는 책임감에 비례하더라

내가 짊어져야 할 무게는 하는 일이 많고 적음으로 가감되지 않는다. 내게 주어진 역할에 챙겨야 할 사람들의 수를 더하고, 여기에 다시 브랜드 인지도와 영향력을 곱하면 책임감의 무게가 나온다. 직접 몸으로 체감해 얻은 공식이다.

대표도 사람이다. 온갖 실수도 하고, 지치기도 한다. 하지만 그 모든 실수는 한편으로 도전의 징표이기도 하다. 지치는 것도 그간 앞뒤 가리지 않고 열정과 투지를 불태웠다는 뜻이다.

기계도 열기를 식혀야 고장 없이 오래 쓸 수 있다. 아무리 급해도 밥은 먹어야 한다. 아무리 바빠도 잠은 자야 한다. 한나절쯤 다 내려놓아도 괜찮다. 경험해봤는데, 아무 일도 안 생긴다.

맨땅에 헤딩해라.
어차피 잃어도 본전

1. 뇌의 변화 원리(신경 가소성) 이해하기

뇌과학을 알면 영어(학습)와 체육의 연결고리가 보인다.

> "신경 가소성이란 뇌의 신경회로가 외부의 자극, 경험, 학습에 의해 구조적,
> 기능적으로 변화하고 재조직화되는 현상을 말한다(Azari & Seitz, 2000). 뇌
> 는 사용할수록 좋아진다는 것이 뇌 가소성의 원리이기 때문이다."

사람의 지능은 태어날 때부터 고정되어 있다는 잘못된 믿음을 깨줄 필요
가 있다. 특히 "나는 머리가 나빠서 아무것도 제대로 할 수 없어"라고 생
각하는 아동들에게 신경 가소성을 이해시키고 받아들이도록 도울 필요
성은 더욱 크다. 평소 자신은 해내지 못할 것이라고 믿었던 것을 해내는
긍정적 경험을 만들어내고, 이를 계기로 "뇌는 높은 집중력을 발휘하고
노력하면 변할 수 있다"는 믿음을 갖게 한다.

2. 학습은 몸, 마음, 뇌가 동시에 관여한다

"학습은 유기체적 특성을 갖는다. 즉, 정보는 뇌뿐만 아니라 몸속에 흡수되고 저장된다. 따라서 행동과 생각은 몸과 뇌 전반으로부터 오는 정보에 의존한다. 학습은 몸 전체가 관여될 때 강화된다."

Susan J. Kovalik, Karen D. Olsen 의 「Kid's Eye View of Science(2010)」 '두뇌 연구로부터의 추가적 메모' 내용이다.

몸과 뇌는 서로 완벽하게 상호적인 관계이다. 몸이 행동할 때, 뇌 속에 부호화된 신호가 자연스럽게 협응한다.

3. 신체 움직임이 학습에 미치는 영향

신체를 움직이면 혈류가 증가하고 이는 뇌를 포함한 신체에 더 많은 에너지와 산소를 공급할 수 있다. 또한 기분, 주의집중, 동기, 수업 태도, 품행 등의 향상을 가져올 수 있다. 따라서 이는 뇌의 수행 능력의 향상으로 이어진다.

학생들은 하루의 대부분을 앉아서 공부한다. 따라서 체육 시간, 뇌 휴식(brain breaks), 활동하기와 신체 움직임을 수반하는 수업 활동을 강화할 필요가 있다.

신체 움직임을 수반한 학습은 기억과 회상에도 도움이 된다.

어떤 정보를 기억하기 위해 신체적 단서(cues)를 제공하면 뇌에서 추가적인 연결고리를 만드는 효과가 있기 때문이다. 아울러 수업과 수업 사이에 쉬는 시간(recess)을 갖는 것 역시 중요하다.

> '아무것도 하지 않는 시간'을 만들어 자율신경을 정돈하는 것도 필요하다. 자율신경이 흐트러지는 사람은 바쁜 상황에 놓일 때가 많은데, 그렇게 되면 물리적으로 시간이 없는 것을 넘어 뇌가 긴장감을 느끼고 머리가 푹푹 찌는 것처럼 과열된 느낌까지 받는 경우가 종종 있다. 물리적으로 바쁜 상황은 실제로 일을 끝낼 수밖에 없지만, 정신적으로 바쁜 경우는 일단 리셋할 수 있다. 그 방법이 커피를 내려 마시거나, 천천히 차를 우리는 것이다.
>
> _『효과 빠른 번아웃 처방전』홋타 슈고 저, 동양북스

스트레스를 대하는 인간의 반응은 크게 둘로 나뉜다.

싸우거나, 혹은 도망치거나! 먼저 도망을 꼭 나쁜 의미로만 받아들일 건 아니다. 패배가 뻔한 싸움은 피하는 것이 상책이니까. 혹은 내가 지쳤을 때는 한 걸음 물러나 다시 싸울 준비를 하는 것도 현명한 대처다. 닥치고 도전보다 전략적 포기가 더 쩐 고수일지도 모른다.

FIVE

단순한 몰입으로
삶의 무기를
장착하다

타이탄의 도구를
하나씩 모으는 재미

고작 10도의 관점 차이가
만드는 변화

사소한 말 한마디가 가져온 변화

2003년부터 지금껏 상담만 4만 번.

학부모 상담부터 학생 상담, 여러 업무로 인한 상담까지. 입학 후 상담 건수를 제외하고도 그 정도다. 랭핏을 운영하면서 셀 수 없이 많은 제자를 만났고 그중 깨물어서 아프지 않은 손가락은 하나도 없다. 하지만 유난히 도드라지는 손가락은 따로 있기 마련이다.

랭핏을 거쳐간 제자들 중에 오랜 시간이 지나도 가끔 연락하는 아이들이 있다. 다들 처음부터 잘난 손가락이 아니었다. 매일 단어도 안 외우고 무단 지각에 결석을 밥 먹듯이 해서 나와 지도교사들을 엄청 괴롭힌 제자들이 많다. 그 아이들과의 질긴 인연은 매일매일 반복되는 실랑이로 시작되었다. 싸우다

정들었다는 표현이 딱 맞다. 매일 지지고 볶다 어느 순간 막냇동생처럼 짠한 마음이 생겨 끝내 포기할 수 없었던 아이들이다. 그중에는 어른인 내게 삶의 메시지를 주는 아이도 있었다.

매일 5분씩 지각하는 아이가 있었다. 아마도 숙제를 안 해서 숙제 검사 시간을 일부러 피해서 늦게 오는 것 같았다. 매일 이 문제로 선생님과 실랑이를 벌였는데, 한 학기가 끝날 때까지 버릇은 고쳐지지 않았다. 그러다 내가 지도하는 반으로 이동한 첫날, 아니나다를까 그 녀석은 또 지각을 했다. 보통 혼을 낼 수도 있겠지만 그게 아이의 행동을 바꿀 수는 없을 것 같았다. 대신 이렇게 제안했다.

"네가 매일 지각하는 건 사실이지만, 선생님은 아직 너를 지각하는 아이라고 단정짓진 않았어. 그러니까 내일 제시간에 온다면 너는 이제부터 지각하지 않는 아이가 되는 거야. 어때? 해볼 수 있겠어?"

별다른 뜻이 있어서는 아니었고, 첫 수업부터 분위기를 흐리기 싫어 기회를 줬을 뿐이었다. 그런데 다음날 아이가 정시에 강의실 문을 열고 들어오는 것이 아닌가. 땀을 뻘뻘 흘리면서 말이다. 학원까지 전력 질주를 한 모양이다. 순간 기특하면서도 한편으로 미안한 마음이 들기도 하면서 또 눈물나게 고마웠다. 혼내는 대신에 건넨 작은 제안을 지키려고 애쓴 아이의 노력이 감사했다.

사실 그 아이는 '지각생'이라는 타이틀에서 무던히도 벗어나고 싶었던 것이다. 초등 2학년 아이에게도 지각생이라는 낙인은 무거운 주홍글씨였다. 오히려 그 주홍글씨가 지각을 당연하게 만드는 굴레가 되었다. 초등 2학년에게 그 5분이 뭐라고. 말 한마디 덕분에 아이와 나는 모범생과 착한 선생님으로 첫걸음을 시작할 수 있었다.

매번 시험마다 낙제 점수를 받는 학생도 있었다. 공부를 그렇게 열심히 하는데 시험만 치면 평소 실력의 반도 안 나왔다. 보통은 결과가 나오면 학생이 선생 눈치를 보는데, 이 학생 만큼은 거꾸로 내가 눈치를 봤다. 시험을 망치면 대개는 지쳐서 포기하고 싶을 텐데, 그 친구는 다음날도, 그 다음날도 묵묵히 내 수업을 열심히 들었다. 어떤 핑계를 대거나, 포기하고 도망치는 대신 어떻게든 선생님에게 인정받고 싶다는 마음이 강했다. 그 아이를 보니 어린 시절의 내가 보였다. 나 또한 그랬다. 사람들에게 인정받고 싶고, 사랑받고 싶었다.

"서연아, 세상에서 제일 어려운 게 뭔지 알아? 오늘 못했는데도 내일 잘하고 싶은 생각을 가지는 거야. 그래서 다시 열심히 하는 거야. 어른들도 실패하면 포기하고 싶거든. 근데 그렇지 않은 우리 서연이가 선생님은 너무 대견하네. 감동했어."

그 말을 시작으로 서연이의 성적표는 상승곡선을 그리기 시작했고, 마침내 100점에 도달했다. 역시 노력은 배신하지 않는다. 다만 노력이 제대로 된 방향을 잡고 목표에 도달하기 위해서는 누군가의 도움이 필요할 때가 있다. 그 도움이란 것이 대단할 필요도 없다. 사소한 응원과 격려 한마디도 충분히 방향을 바꿀 수 있다.

우등생이든 열등생이든 시간이 지나서도 좋은 관계를 유지하는 이유는 별거 아니다. 잘할 수 있다는 관점으로 보고 노력한 덕분이다.

몰입하되
여유롭게 세상을 보라

관점의 차이가 일으킨 변화

한번은 이사를 하면서 감탄한 적이 있다.

저 큰 가구가 과연 현관으로 들어올 수 있을까 걱정하던 참이었다. 이삿짐센터 직원 두 분이 양쪽에서 조금씩 각도를 틀어가며 작은 긁힘 하나 없이 무사히 안방까지 가구를 옮겨놨다. 정직하게 직진만 고집했다면 불가능했을 것이다.

각도의 변화가 일으키는 기적은 주차장에서도 쉽게 경험할 수 있다. 과연 빠져나올 수 있을까 싶던 차가 수차례 앞뒤를 오가며 각도를 조정하면 아무리 좁은 공간도 탈출할 수 있다.

'관점을 바꾸라'는 말이 있다. 뻔한 조언이지만 실천에 옮기기란 생각처럼 쉽지 않다. 관점에 따른 큰 변화를 실제 생활에서 체험해본 적이 없기 때문이다.

그런 면에서 나는 코로나19를 통해 관점의 변화가 얼마나 중요한지 제대로 깨달았다.

전 국민을 극한의 시련으로 몰고 갔던 코로나19 팬데믹 상황은 모든 것에 변화를 강제했다. 특히 고객과의 대면이 필수인 업계는 줄줄이 타격을 입었고, 나 역시 그랬다. 단순 강의가 아니라 피트니스를 포함한 콘텐츠라 강제 비대면은 폐업을 고민할 정도로 큰 타격이었다.

이런 위기를 견딘 방법이 관점의 변화였다. 비대면이 활성화된 덕분에 온라인 시장의 중요성을 알게 되었고, 비로소 온라인 영어시장의 초석을 닦을 수 있었다. 성인영어 시장에서 기틀을 잡게 된 계기다.

처음부터 길이 보였던 건 아니다. 팬데믹 상황에선 우선 생존이 목표였다. 어떻게든 살아남아 숨이 끊어지지만 않아도 다행이라는 심정이었다. 적자는 당연하게 여겼다. 마이너스 1,000만 원을 예상했으나 900만 원으로 줄이기만 해도 다행이었고, 심지어 기쁘기까지 했다. 위기 상황에서 내가 할 수 있는 것이 무엇인지 집중해서 생각했고 몰입했다. 관점을 바꿔 객관적으로 상황을 바라보자 입체적으로 생각할 수 있게 됐다. 그때부터 시류가 읽히기 시작했다. 덕분에 위기를 극복했던 사례가 랭핏 4호점이다.

폐업을 정말 하루 앞두고 극적으로 살아남았던 랭핏 4호점이 겪은 우여곡절은 말로 다 표현할 수 없다.

4호점 적자가 1억 원을 찍던 날이었다. 정말 문을 닫아야 하나? 대표로서 지점의 운명을 진지하게 고민해봤다. 그런데, 막상 생각해보니 적자가 1억이든 1억 5천이든 크게 다르지 않아 보였다. 망해도 쫄지 말자는 생각, 기왕 망해도 화끈하게 가보자는 생각으로 다시 덤볐다. 결국 여러 일들이 동시에 겹쳐 4호점은 결국 문을 닫았지만, 여러 가지 시도를 해봤던 경험들은 다시 일어서는 힘을 낼 기회가 되었다. 크게 아프고 나면 감기 따위는 아무렇지 않은 것처럼 말이다.

내게 일어나는 사건들은 붕어빵처럼 앞면과 뒷면이 같지 않다. 위기의 이면에는 항상 기회가 존재한다. 반대의 경우도 마찬가지다. 기회처럼 보이지만 위기가 도사리고 있는 경우가 많다. 이것이 내게 주어진 현상이 가지는 양면성이다.

세상은 더 다면화 되어 있다. 다면의 세상에서는 작은 관점만 바꿔도 엄청난 기회를 찾을 수 있다. 그러니 쫄지 말고, 더 몰입하여 나를 들여다보자.

완벽을 포기했을 때 일어나는 일

초보는 왕초보를 가르치면 된다

다정(多情)도 병(病)인 양하여 잠 못 들어 하노라.

이조년(李兆年, 고려 문신이자 시인)의 시, 다정가(多情歌)에 나오는 구절이다. 내게도 이쯤 되면 병인가 싶은 성향이 하나 있다. 종종 나를 잠 못 들게 하기도 하니 과연 병이라 할 만하다. 바로 지나친 오지랖이다.

어려서부터 곤경에 처했거나 뒤처지는 사람을 보면 내 일처럼 발 벗고 나서곤 했다. 삼 남매였지만 어린 삼촌, 고모와 함께 오 남매처럼 자랐다. 그중에서도 막내여서 그런지 남들 눈에 들고자 하는 인정욕구가 강했다.

누군가의 불평불만이 욕설보다 견디기 힘들다. 이런 성향이 좋게 작용할 땐 책임감으로 나온다. 학원 경영이 어려워져 월급을 줄 여력조차 없을 때 신용등급이 나락으로 가더라도 무리하게 대출을 받았을 정도다. 경영이 어려운 건 직원들도 다 알지만 정작 월급이 제때 나가면 대표로서 책임감을 다한 것처럼 좋게 포장되기도 한다. 사실은 불평을 듣고 싶지 않아서였다.

불만의 여지를 애초부터 잠재우려는 성향은 새로운 일에 도전할 때 완벽주의로 드러나기도 한다. 이 역시 욕먹기 싫어서였다. 이런 성향은 티가 나지 않는 부분까지 신경 쓰면서 스스로를 고된 노동과 불편함의 길로 내달리게 했다.

하지만, 완벽이 전부가 아니라는 걸 이제는 깨달았다. 여러 번의 개발을 통해 성공적인 시제품의 디폴트 값(기본 설정값)은 외주의 실패임을 알았고, 무엇을 해도 처음에는 대단히 미련한 짓을 하게 될 수밖에 없다는 것을 알았다.

··· 불완전한 것이 인간 ···

우리 시아버님은 〈동물의 왕국〉 프로그램을 좋아한다. 추석

연휴에 시아버님과 함께 아프리카 초식 동물을 본 적이 있다. 초식 동물은 태어나자마자 두세 시간 안에 서서 걷는다. 털도 있고 이도 있다. 지체하면 하이에나들이 피냄새를 맡고 오기 때문에 초식 동물들은 태어나자마자 걸을 수 있도록 진화되었다.

하지만 프로이트의 말처럼, 인간은 미숙아로 태어나 부모의 보살핌 아래 온전한 인간이 된다. 때문에 부모(보살펴주는 사람)의 인정과 예쁨을 받아야 한다. 사랑받고자 하는 욕구는 생존 본능이다. 나 역시 어릴 때 대가족 막내로 태어나 인정 받고 싶은 욕구가 누구보다 강한 사람이었다.

2003년 처음 과외방을 오픈하던 그날로 돌아가서 생각해본다. 어렵게 자취방에서 아이들을 가르치기 시작했을 때였다. 중·고등학교 때 배운 영어를 끄집어내서 시간을 쪼개 가며 준비해서 아이들을 가르쳤다. 모든 것이 미흡했지만 그때는 불행하지 않았다. 아이들이 나에게 시간을 쏟는 것에 비해 내가 쏟은 애정과 열정이 더 커서 불평이 나오지 않았다.

학생 수가 10명보다 많아지고 인기가 많아져 인지도가 올라가면서 불만이 어쩔 수 없이 생겨났다. 팬이 늘어가니 안티도 느는 것이다. 이럴 때는 사업을 확장할 때 실패해도 감당할 수 있는 만큼만 하면 된다.

처음에 아무것도 아니었던 오픈채팅방 '우경마(우리 동네 경영 마케터)'가 힘을 발휘했던 이유는 그것이 무료 수업이어서 사람들이 불평할 게 없었고, 무엇보다 사람들이 적었기 때문이다.

시작을 무서워할 필요가 없다. 모두가 일타강사일 필요는 없다. 학생 레벨은 매우 다양하다. 왕초보부터 선생님을 능가하는 고수까지 있다. 초보는 왕초보를 가르치면 되고, 왕초보는 왕왕초보를 가르치면 된다.

나는 처음부터 준비된 강사가 아니었다. 그럼에도 불구하고 랭핏의 씨앗을 뿌릴 수 있었던 이유는 초등학생의 눈높이에서 친밀하게 가르쳤기 때문이다. 그래서 아이들에게 인기가 있었다.

고수만 가르치라는 법이 없다. 왕초보가 고수에게 배웠다가는 오히려 역효과만 난다. 사람은 각자 처한 상황에 따라 원하는 것이 다르다. 시간이 흐르면서 익어가는 것이 인간이다. 지금 당장 완벽함의 그늘을 벗고 일어서야 한다. 완벽함을 포기하면 눈앞에 할 수 있는 성장 과제들이 보이기 시작한다.

효율을 찾기 때문에
효율이 떨어진다

때를 기다리지 말고, 때를 만들어라

40대의 나이, 지방 소도시에서 아이 둘을 키우는 엄마.

다행히도 출산 후 경력 단절을 피했고, 창업 후 20년 동안 산전수전 겪으며 내 브랜드를 궤도에 올려놓았고, 다양한 도전과 경험을 많이 했다.

주변 지인들은 그런 내게 비범한 능력이 있으리라 여긴다. 사업가로서의 수완이라든지 시장을 보는 안목, 과감하게 일을 벌이는 배포 같은 거 말이다. 그러다가 나와 딱 하루만 같이 지내보면 내가 얼마나 평범한지를 알게 된다.

그간 사업을 하며 만났던 수백억 매출을 올리는 대표님들도 사석에서 만나면 그냥 동네 아저씨, 이웃집 아줌마와 별다를 바가 없다. 업무적으로도 특출난 재능은 딱히 보이지 않는다.

모두 평범한, 보통 사람들이다.

그런데, 딱 한 가지 다른 점이 있다. 그 차이는 데일 카네기 (Dale Carnegie)의 『인간관계론』에도 잘 나와 있다. 책에 따르면 200명이 어떤 정보를 얻게 되거나 무언가를 배웠을 때 실제로 실행에 옮기는 사람은 고작 10명에 불과하다고 한다. 결국 사회적으로 성공을 거둔 사람과 그렇지 못한 사람의 차이란 그저 실천의 여부뿐이다.

카네기가 말한 5%가 적다고 생각할 수도 있다. 하지만 실제 사업이나 커뮤니티를 운영해보면 오히려 과장된 수치라는 걸알 수 있다. 예전에 어느 커뮤니티에서 102명을 대상으로 컨설팅을 한 적이 있다. 각자의 상황을 진단하고 창업 아이템을 같이 고민해주는 일이었다. 컨설팅 후반에는 내 생일도 잊은채 미역국 대신 생라면을 부셔 먹으면서까지 집중했다. 그렇게 한 달을 갈아 넣어 만든 성공사례는 고작 두 명에 불과했다.

참여자들이 혼자서 도전했다면 아마 성공률은 훨씬 더 낮았을 것이다. 용케 제대로 된 방향을 잡았다 하더라도 타인의 도움을 받지 않고, 오롯이 혼자서 성공할 확률은 소수점 이하로떨어진다.

멘토가 하나하나 길을 알려주는 좋은 기회라고 해도 그걸 잡는 사람은 손에 꼽는다. 무려 102명이 똑같은 멘토에게 똑같은 걸 배웠지만 실제 행동으로 옮겨 성취를 이루는 사람은 고작 두 명이었다. 실천만 하면 무조건 되는 쉬운 도전 과제조차 대부분은 실행에 옮기지 않는 것이다.

… 안 하는 걸까, 못 하는 걸까? …

시간이 없다는 말은 핑계다. 누구나 바쁘고, 여유는 애써 찾아 먹는 것이지 절로 생기지 않는다. 시간적 여유가 생기길 기다리며 허둥대면 정작 중요할 때 집중하지 못한다. 그러니 눈앞에 기회가 와도 알아채질 못하는 것이다.

막상 시간이 생겨도 실천하는 이는 드물다. 대부분 시도조차 하지 않는다. 지금은 완벽한 상황이 아니라 여기기 때문이다.

'아직은 때가 아니야.'
'지금은 열심히 해봤자 성과를 내기엔 일러.'
'지금 시작하면 잘되지 않을 거야.'

이런 막연한 핑계로 매번 '다음 기회'를 노린다. 다음 기회에서 다음이란 대체 언제인가.

지금보다 상황이 더 좋을 때, 경기가 좋아졌을 때, 경제적인 여유가 더 있을 때, 자신감이든 의욕이든 심리적 에너지가 충만할 때, 그래서 도전했을 때 고생을 덜할 것 같은 때, 바로 그럴 때 시작하고 싶다.

그런데 그 완벽한 때, 무엇에 도전하기 가장 알맞은 성장의 때라는 것이 있기는 할까?

과연 김연아 선수는 처음부터 금메달이 목표였을까?

그녀가 처음 스케이트를 신게 된 건 우연에 불과했다. 집 근처에 마침 아이스링크장이 생겼길래 수강 신청을 했다. 애플의 스티브 잡스나 페이스북의 마크 저커버그도 마찬가지다. 컴퓨터가 좋아서 집에서 혼자 끙끙대다가, 친구들끼리 재미로 프로그램을 만들었던 것이 세계적인 기업의 시작이었다.

완벽한 때를 기다리며 준비한 것이 아니라 그저 묵묵히 자기가 좋아하는 일을 꾸준히 해왔을 뿐이다. '언젠가 이 일을 해야지'가 아니라 어제도, 오늘도 그냥 꾸준히 해온 것이다.

미국의 유명한 심리학자 존 크롬볼츠(John D. Krumboltz)는 성공한 사람들의 커리어 개발 과정을 연구하면서 흥미로운 사실을 발견했다. 잘 짜인 계획에 따라 성공한 사람은 20% 정도에 불과하다는 것이다. 나머지 80%는 우연히 발생한 일이나 예상치 못한 상황에서 만난 사람을 통해 성공했다.

성공하는 법에 관한 정보라면 지금도 서점과 도서관에 널리고 널렸다. 아니, 거기까지 갈 것도 없이 당장 유튜브만 찾아봐도 수십 가지의 성공 비결을 공짜로 들을 수 있다. 그런데 어째서 성공하는 사람은 드물까? 방법이 이렇게 대놓고 공개되어 있는데 말이다.

세상에 영어 강사는 많다. 그들을 한 줄로 세웠을 때 나는 어디쯤 서 있을까? 아마 맨 앞은 아닐 것이다. 나보다 훨씬 탁월한 강사들이 세상에 넘치고 넘친다. 내 앞에 몇 명인지 셀 수도 없고, 맨 앞줄은 아예 보이지도 않는다.

하지만 영어에 체육을 접목한 사람은 없었다. 나는 그렇게 수많은 천재들과 한 번도 겨루지 않고 독보적인 브랜드를 만들어왔다. Only One 전략, 이것이 천재들에게 이기는 방법이다.

나 역시 천재라서 영어와 체육을 접목할 수 있었을까? 아니, 우연이었다. 좋은 아이디어가 순간적으로 떠올랐고, 어?! 하고 잡았을 뿐이다.

실패에 대한 두려움은 뇌에서 일어나는 당연한 반응이다. 뇌는 생존에 최적화되어있기 때문에 지금까지 무탈했던 오늘에 안주하려 든다. 기존의 모든 생각과 습관, 행동을 다 깨부수고 시작하는 것이 도전이다. 뇌의 기본 성향에 부합하지 않은, 정반대되는 행위다. 그러나 참으로 아이러니하게도 뇌가 바라는 대로만 살면 언젠가 생존에 가장 위험한 순간을 맞이하게 된다. 도태되고 마는 것이다.

어렵게 생각할 거 없다. 일단 뭐든 실천해보는 것으로 족하다. 준비된 상황, 완벽한 때란 없다. 카네기의 말대로 100명 중 실천하는 사람은 5%가 채 안 된다. 이 말을 뒤집어 생각하면 뭐든 실행하기만 해도 무조건 5% 안에 든다는 뜻이다. 설령 실제로 그 일에 뛰어든 모든 도전자 가운데 내가 꼴찌라 해도 어쨌든 상위 5%인 셈이다.

지금 당장 자리에서 일어나시라. 그것만으로 당신의 역사는 시작되었다.

묵은지의 참맛,
기다리는 시간

소울푸드의 비밀

　가끔 해외에 오래 머물다 귀국할 때 찾는 음식이 묵은지 김치찌개다. 공항에서 짐을 찾자마자 칼칼한 묵은지 김치찌개를 한 그릇 뚝딱 해야 비로소 여행이 마무리되는 기분이다. 나의 영원한 소울푸드(Soul Food) 중 하나다.

　묵은지를 볼 때마다 발효와 부패의 차이에 대해 생각하게 된다. 똑같이 오래 묵혔는데 어떤 경우는 잘 발효되어 묵은지가 되고, 어떤 경우는 허옇게 곰팡이가 생겨 쓰레기가 된다. 숙성 기간을 거치는 빈티지 와인이나 치즈도 마찬가지다. 제대로 시간을 견디지 못하면 부패하고 만다.

··· 무엇을 만나느냐에 따라 달라진다 ···

숙성과 부패의 갈림길에는 미생물이 있다.

김치가 유산균을 만나면 잘 숙성되지만, 안 좋은 혐기성 세균을 만나면 부패산물을 생성한다. 썩는다는 말이다. 흥미로운 사실은 같은 미생물이라도 어떤 식품을 만나느냐에 따라서 역할이 바뀌기도 한다. 예를 들어, 식초를 만드는 발효균인 초산균이 막걸리와 만나면 술에 맛을 변질시키는 부패균이 된다. 이쪽에선 유익균, 저쪽에선 유해균 취급을 받는 것이다. 결국 적절한 미생물과 만나 제대로 숙성되는 시간을 거쳐야 비로소 맛있는 묵은지, 와인, 치즈가 된다.

사람도 인생을 살면서 어떤 기회를 만나느냐에 따라, 시간을 어떻게 보내느냐에 따라 인생이 달라진다.

영어체육 학원도 마찬가지였다.

처음엔 '일단 한번 해보자'라는 가벼운 마음이었다. 하지만 교재 만드는 과정만 해도 다시 갈아엎기를 수차례 반복해야 했다. 내용이 마음에 들면 오탈자 색출 작업이 끝도 없이 이어졌다. 그렇게 고치고, 또 고치고, 다시 고치기를 반복한 끝에 겨우 콘텐츠가 만들어졌다.

랭핏을 대표하는 캐릭터를 만들 때도 마찬가지였다. 지금의 액티, 담이, 바오, 하다, 마루가 탄생하기까지 성형을 얼마나 했는지 셀 수도 없다. 초안과 최종판을 비교해보면 닮은 점이라고는 동물이라는 사실 한 가지뿐이다.

어플리케이션과 로고 작업에서도 고난은 이어졌다. 같은 캐릭터지만 책에서 봤을 때와 어플리케이션에서 구현됐을 때의 느낌은 완전히 달랐다. 로고 역시 수정을 거듭했다. 어디에 들어가도 똑같은 브랜드로 보이게 만들기란 쉽지 않았다.

우여곡절 끝에 랭핏의 실체가 만들어졌지만 그것으로 끝이 아니었다. 교육 콘텐츠는 아이들이 성장하는 것과 마찬가지로 끊임없이 변화, 발전해야 했다. 국비 지원이 끝나니 이제 선택을 해야 했다. 현 결과물에 만족하고 멈출지, 아니면 내 자본을 더 투자해 랭핏에 계속 생명을 불어넣어야 할지.

교육 콘텐츠뿐만 아니라 어플리케이션도 스마트폰 사양이 발전하고 사용자의 눈이 높아짐에 따라 계속 업그레이드를 해줘야 했다. 세상에 없던 것을 만드는 데 완벽이란 없다. 환경이 변하기 때문에 같이 흐름을 타야 한다. 변화하는 시장과 소비자 니즈에 따라 브랜드도 계속해서 달라져야 한다. 도전정신 하나만 믿고 시작했더라도 그 도전이 발효되어 잘 익으려면 시간을 견뎌야 한다. 중간에 그만두면 이도 저도 아닌 것이 되고 만다. 막연히 시작한 콘텐츠가 막대한 콘텐츠가 되려면 지속하는 힘이 제일 중요하다.

그렇게 누적된 시간의 힘은 어마어마하다. 아마추어의 스케치에 불과했던 랭핏 콘텐츠도 시간이 쌓이면서 숙성된 맛을 내기 시작했다. 하나둘 다듬어지면서 한 개로 시작한 콘텐츠가 50개까지 쌓이니 제법 그럴듯했다. 어느덧 누군가가 구매하고 싶어 하는 가치 있는 콘텐츠가 된 것이다.

··· 사소함도 위대함으로 숙성시키는 ···
시간의 힘

나는 사업가이기도 하지만 한편으로 3집 가수이기도 하다. 처음에는 인생의 버킷 리스트를 채우려고 시작한 일로 지극히 개인적이고 소소한 바람이었다. 그런데 학원 아이들의 영어 음반을 제작하겠다는 구체적인 목표를 정해 도전하니 길을 찾을 수 있었다. 버클리 음대 출신의 유명 작곡가 선생님을 섭외한다는 불가능해 보이는 일도 멋지게 해낼 수 있었다. (아이들의 동심을 지켜달라며 읍소했던 건 모두가 아는 비밀이다.)

그리고 어느덧 3집까지 내게 되었고, 특히 아이들과 곡 작업을 함께하면서 공동의 추억을 만들 수 있다는 점도 의미가 있었다. 음반 차트에 자기 이름이 검색되는 걸 보며 신기하고 즐거워하는 아이들에게 소중한 경험이 되어 기뻤다. 그리고 나는 이제 음반산업협회에서 매달 정기적으로 돈이 들어오게 오는 엄연한 저작권자다.

시작이 아무리 사소하더라도 애정을 쏟고 관리하면 어느새 발효가 된다. 방치하고 거들떠보지 않으면 그때부턴 부패가 일어난다. 부패는 단절이고 발효는 지속이다. 적절한 온도와 습도를 유지하도록 꾸준히 신경을 써야 한다. 지속하는 일이 생각처럼 쉽지만은 않을 것이다. 날씨와 습도, 온도에 따라 김치 맛은 변하고, 똑같은 재료로 담가도 용기에 따라, 지역에 따라, 손길에 따라 맛은 천차만별이다. 관심과 사랑이 없으면 발효는 일어나지 않는다.

무엇인가를 지속하려는 막연한 힘. 그 힘이 내 작품을 미생물과 만나게 할지 세균과 만나게 할지 결정짓는다. 그렇게 내 콘텐츠가 어느 정도 준비가 되면 비로소 발효를 극대화할 귀인도 나타난다. 그들의 조언과 조력으로 내 콘텐츠의 맛은 더욱 깊은 맛을 내게 될 것이다.

서로에게 설득되는 시간이 필요하다

세상에 영원한 것이 있긴 할까?

아무리 아름다운 꽃도 10일을 넘지 못한다.

비단 꽃뿐만이 아니다. 세상에 영원한 것이 있긴 할까? 사람도 그렇다. 헤어짐의 순간은 언제나 오기 마련이다.

랭핏은 고등학교 때부터 가르쳤던 제자 출신의 직원들과 함께 만들어온 콘텐츠다. 처음에 작게 시작했던 학원이지만 그들이 있어 많은 성장을 했다. 공부방이 학원이 되고, 학원이 기업이 되었다. 5개의 지점이 런칭되기까지 그들은 항상 고마운 존재였다.

보고만 있어도 든든한 내 제자들. 우리는 그렇게 사이가 좋았다. 내가 하는 모든 행동의 원천은 그들이었다. 나는 그들이 아이를 낳아서도 다니고 싶은 기업으로 만들고 싶었다. 하지만 서로의 상황이 마지막까지 같을 수는 없었다. 같은 시간이어도 서로가 있는 계절이 다를 수 있으니까. 나의 계절은 장마지만 온도가 다르면 같은 물이어도 상대방에게는 그게 혹한기에 내리는 눈이 된다.

결국 녹으면 물이 되는 본질은 같아도 하늘에서 내리는 상황이 다르니 대치법이 다르다. 인생이 봄날이라면 뭐가 어렵겠나? 좋을 때는 다 좋지. 하지만 서로가 각기 재난 상황일 때 우리의 마음과 상관없이 우리는 하나둘씩 본인의 입장을 지킬 수밖에 없다. 그게 관계다.

··· 서로에게 설득하는 시간이 필요하다 ···

생각이 다를 때면 서로의 사정을 인정해주는 관계가 오래가기 마련이다. 두 사람의 관점이 달라져 이별할 때 제일 중요한 것이 아름다운 마무리다. 영원히 기억되는 건 마지막 뒷모습이다. 헤어질 때 아름다운 게 제일 어렵고 중요하다. 이때는 아쉬움을 덜기 위해, 상대에게 덜 불편한 감정을 가지기 위해 '설득되는 시간'이 필요하다.

떠나가는 그들의 입장에 내가 설득되어야 하고, 그들에게 내 입장을 설득시켜야 한다. 그리고 마지막으로 내 자신을 설득한다. 사실 이게 제일 어려운 과정이다. 나의 마음이 어렵기 때문에 객관화가 어렵다. 일단 떠나간다니 아프다!

길에서 넘어진 적이 있는가? 예쁘게 입고 당당하게 걷다가 말이다. 생각지도 못한 민망함에 통증도 기억이 안 난다. 황급히 그 자리를 떠나고 싶다. 하지만 이때 허둥지둥 잘못 일어났다가는 부상을 당할 수 있다. 잠시 한숨을 고르고 주변 상황을 살핀다. 조금 더 견디면 다행히 큰 부상으로 이어지지 않고 현명하게 일어서게 된다. 당장 일어나야 하는 본능을 거슬러, 오히려 한숨을 고른다.

사랑하는 제자들과 헤어져야 할 때는 크게 넘어진 것과 같다. 항상 도전하고 열정적으로 내가 이끄는 삶이지만, 그들과 헤어질 때는 내 마음대로 할 수가 없다. 포기해야 하고 단념해야 한다. 설득의 시간이 절실하다.

어느 날 1호점 부원장이 상담을 요청했다.

갑작스런 상담 요청은 대표들이 (이유를 떠나서) 싫어하는 시간이다. 그날 상담에서 랭핏 탄생의 일등공신 가영이가 나와의 이별을 고했다. 7년을 같이 일하면서 즐거웠고 행복했지만, 부원장은 서른이 되면서 다른 일에 도전하고 싶어졌다. 연애도 못해 보고 첫 남자친구와 결혼해야 하는 압박감이랄까? 이번이 아니면 평생 이곳에서 일해야 한다는 무게감이 있다고 했다. 대학원에 가고 싶다고 했다.

그러고 나서 며칠 후에 제자이자 직원 2명이 동시에 임신 소식을 전했다. 나의 성장동력을 잃어버리는 예고편이었다. 당분간 열정을 잠시 접어야 하는 시간이 왔다. 부원장의 퇴사와 핵심 인재 2명의 임신은 상당한 변화를 가져올 것이다.

쉬고 싶지 않은데 휴게소에 들어가야 하는 순간이다. 이때는 길 가다 넘어진 것처럼 숨을 골라야 한다. 평생 포기를 몰랐던 내가 포기를 배워야 하는 순간이 왔다. 발버둥치고 노력한다고 해도 어쩔 수 없는 일이다.

부원장의 퇴사는 그렇다 치고, 저출산 시대에 직원 2명의 임신은 정말 신의 영역이지 않나?

아이의 눈으로
바라보고 설명한다

1. 결과를 칭찬하지 말고, 과정 중에 아이가 보인 노력 그 자체를
   칭찬한다.

2. 게임 요소가 동원된 실패의 경험은 아이에게 단약이 된다.
실패를 알게 하는 대신 실패의 과정에서 보인 학생의 걸음에 초점을 맞
춘다. 문제에 대해 전통적인 점수를 부여하는 대신에 '도전점수', '협동점
수', '열정점수'를 부여한다. 정량적인 방식보다는 여러 가지 정성적인 방
식에 집중한다.
과제를 완수하는 것, 수업에 열심히 참여하는 것, 힘들어도 포기하지 않
는 것 등과 같이 노력과 참여 그 자체를 중요시한다. 과정에서 받을 수 있
는 동기 부여로 학생들은 더 많은 과제를 수행하려는 경향을 보인다.

3. 선생님의 실패 스토리를 나눈다.

선생님이 역경에 처했을 때 어떻게 극복하고, 또 큰 실수를 했을 때 어떻게 대처하는지를 알려준다. 선생님의 실패담은 아이가 성장에 대한 다른 관점을 갖게 하고, 실패에도 포기하지 않고 도전하는 회복력을 키워준다.

4. 수업 후 교실을 나갈 때 인사를 선택하게 한다.

수업을 마치고 교실을 나갈 때, 성장관점의 질문이나 개인적으로 도전했던 내용을 말하는 인사 시간을 가진다. 인사는 때로는 허그로, 때로는 하이파이브로 바꿔서 한다. 인사는 언제나 한 줄로 서서 아이가 선택한다.

5. 성장관점을 촉진하는 질문을 수시로 한다.

"100점을 받았다니 참 잘했구나!"와 같은 결과 위주의 피드백은 실제 도움이 되지 않는다. "어떻게 그런 방법을 쓸 생각을 했니?", "다음에는 이번과 어떻게 다르게 할 거야?", "이번 실수로 맘이 어려웠지", "이번 실수로 어떤 것을 배웠니?"와 같이 과정을 생각하게 하는 질문을 피드백으로 던짐으로써 성장관점을 촉진할 수 있다.

6. "오히려, 그럼에도"라는 표현을 자주 사용하게 한다.

표현을 통해 새로운 관점으로 보게 한다. "오히려, 그럼에도"라는 연결어는 부정적 의미의 문장을 긍정적인 것으로 전환하고자 할 때 자주 사용된다. 특히, "이해할 수 없어, 잘 하지 못해"와 같이 객관화시키기 어려운 내용을 부정적 표현과 함께 쓰면 오히려 아이의 성장을 방해한다. "이번에는 졌지만 그럼에도 불구하고 잘 싸웠다"와 같이 사용한다면, 이긴 팀보다 진 팀의 경기 내용이 훨씬 훌륭할 수 있다.

7. 고정관점의 언어를 성장관점으로 바꾼다.

고정관점의 언어를 성장관점의 언어로 바꾸어 말한다. 이는 성장관점을 강화할 수 있다. 다음은 랭핏에서 랭핏터(학생) 및 랭핏 멘토(교사)의 고정관점을 성장관점으로 전환하는 예다.

'학생' 성장관점 사고방식 강화 연습

	학생	랭핏터
1	나는 이 단어가 어려워요.	나는 '아직' 이 단어가 어려워.
2	여기까지만 하고 싶어요.	조금만 쉬다 할게요.
3	나는 이만 포기할 거야.	방법을 바꿔서 다시 해봐야지.
4	아, 이것 너무 어려워.	이 과제는 시간과 노력이 좀 들 거야. 잘 이해하면 앞으로가 쉬울 거야.
5	더이상 향상이 안 되니 어쩌지?	노력하면 조금씩 나아질 수 있어. 뇌는 변하니까.
6	문법은 정말 못하겠어.	오늘은 두 번 봤으니, 내일 한 번 더 보자.
7	아, 이런 실수를 해버려 속상해.	실수를 해서 틀렸으니 앞으로는 까먹지 않겠구나.
8	그녀는 똑똑해. 단어가 매일 100점이야. 나는 죽어도 못 따라갈 거야.	그녀가 어떻게 단어를 공부하는지 잘 한번 알아봐야겠어.
9	이 정도면 내게 필요한 점수는 나올 거야. 이걸로 끝내자.	나는 더 나은 답을 쓸 수 있어.
10	아이, 실망스러워. 이번엔 뜻대로 안 되었어.	실망하지 말아야지. 다른 방법으로 다시 시도해봐야겠어.

'랭핏 멘토' 성장관점 사고방식 강화 연습

	교사	랭핏 멘토
1	연수는 지루해; 이를 통해 배우는 게 없어.	연수가 어렵지만 새로운 아이디어는 결국 일을 쉽게 만들 거야.
2	그 학부모 때문에 미치겠어; 왜 매일 전화를 하시는 걸까?	이 학부모는 관심이 많으시네. 생산적으로 소통하는 법을 찾아봐야겠어.
3	그 학생은 어떻게 해도 안 돼.	그 학생이 이해할 수 있도록 하려면 어떤 교구를 생각해야 할까?
4	나는 죽어도 A선생님만큼은 못해.	A선생님께 나의 멘토가 되어 달라고 부탁드리고 열심히 배워야지.
5	학생들이 수업에 협조하지 않아. 이 반 수업은 정말 하기가 싫어.	수업을 어떻게 바꿔야 학생들이 적극 참여할 수 있을까?
6	그 학생은 영어를 싫어해서 어떻게 할 수가 없어.	그 학생의 흥미와 열정을 담아내는 수업 방식에는 어떤 것이 있을까?
7	이 학생 부모는 아이에게 관심이 없어. 왜 매일 반응이 없는 거야.	다른 랭핏터에 비해 자주적인 아이겠구나.

SIX

꿈을 크게 꾸어라. 깨져도 조각이 크다

버킷 리스트, 세바시 강연에 도전하다

나의 버킷 리스트, 세바시 무대에 서다

3번의 '세상을 바꾸는 시간'

영화 〈엑스맨〉은 다양한 초능력을 가진 캐릭터들이 대거 등장하는 영화다. 그들 중 나이트크롤러는 순간이동 능력을 가졌는데, 백악관도 자유롭게 드나든다. 퀵실버는 시간이 정지될 정도로 빨라 날아가는 총알마저 손으로 잡는다.

잦은 출장으로 많은 시간을 도로나 철도 위에서 보내다 보니 가끔 이들의 초능력이 부러울 때가 있다. 눈 한 번 깜빡할 시간에 출장지에 도착할 수 있다면 얼마나 더 많은 업무를 볼 수 있을까? 7개의 직업이 아니라 20가지, 100가지 일도 여유롭게 할 수 있을 텐데.

기차나 비행기를 탈 때는 책을 읽기도 하지만 보통은 유튜

브를 많이 보는 편이다. 나는 〈세바시〉의 애청자다. 2011년부터 CBS에서 방영해온 미니 프리젠테이션 강연 프로그램으로 풀네임은 〈세상을 바꾸는 시간, 15분〉이다. 세계적으로 유명한 TED와 비슷한 포맷으로 다양한 분야의 강사들을 만날 수 있다.

TED는 심리, 명상, 의학 등 학술적이고 전문적인 내용이 많은 반면, 세바시는 소통이나 힐링, 관계 등 실생활에 밀접한 내용을 다루기 때문에 보다 대중적이고 실용적이다.

세바시 무대는 내 인생 버킷 리스트 중 하나였다.

그러던 어느 날, 광고에서 우연히 '세바시 대학'이 열린다는 공지를 보았다. 해당 과정을 이수하고 일정 자격을 갖추면 무대에 오를 수 있다는 사실도 알게 되었다. 과정을 수료만 하면 된다고? 눈이 번쩍 떠졌다. 내가 가장 잘하는 일이 목표가 정해지면 단숨에 몰입하는 거니까.

이후 고된 교육 과정을 마치고, 마침내 세바시 무대에 오를 수 있었다. 많은 사람들은 청중 앞에 서기를 두려워한다. 하지만 나처럼 강의가 본업인 사람들은 내 집 안방만큼이나 편하고 익숙한 공간이 무대다. 그래서 오래 꿈꿔왔던 무대인 세바시 녹화가 처음엔 부담스럽지 않다고 생각했다. 그냥 편하게 내 이야기를 하고 내려오면 될 일 아닌가.

그런데 웬걸, 막상 큰 무대에 올라가니 무척 긴장되었다. 멋모르고 영어연극을 했던 그때와는 차원이 달랐다. 이제는 하룻강아지가 아니니 범도, 독수리도 무섭다는 사실을 알게 되어 그런가. 눈앞이 캄캄해졌다. 게다가 바로 앞에서 무대에 먼저 오른 사람들이 긴장한 모습을 계속 봐와서 그런지 덩달아 내 입도 바짝바짝 마르기 시작했다. 말하는 것이 어렵다는 사실을 생애 처음으로 느껴보는 순간이었다.

게다가 날씬해 보이려고 입었던 검은 정장은 시커먼 무대와 혼연일체가 되어 영상에서 얼굴만 동동 떠다니는 효과를 만들었다. 어색한 산송장의 모습을 남기고서 내 첫 번째 무대는 그렇게 흑역사로 남았다.

첫 번째라고 했으니 당연히 '두 번째'도 있다.

지난 무대의 아쉬움이 남아 다시 도전했다. 처음엔 랭핏 이야기를 했으니, 두 번째는 대중적이고 편한 주제를 다루고 싶었다. 첫 무대를 통해 진정한 말하기란 내가 전하고 싶은 이야기보다 상대가 듣고 싶어하는 내용을 편하게 전달하는 것이 중요하다는 사실을 깨달았다.

나를 드러내는 부분은 미련 없이 잘라내고 어깨에 힘을 뺐다. 나를 주장하기보다 청중의 입장을 먼저 헤아리게 되자 무대가 다시 편안해졌다. 옷도 이번에는 초록색으로 시청자의 눈이 편하도록 신경을 썼다. 그렇게 나는 자기자랑 대잔치에서 한결 울림 있는 이야기로 두 번째 무대를 무사히 마칠 수 있었다.

하지만 두 번이나 버킷 리스트를 달성하고도 뭔가 석연치 않은 구석이 남았다. 6개월씩 1년간 세바시 과정을 함께하다 보니 성장하기도 하고 기록도 남았지만, 더 욕심이 생겼다. 그렇게 한 단계 더 성장하고자 '세 번째'로 세바시 무대에 섰다.

이번에는 옷차림마저 꾸밈없이 편한 남방에 바지를 입었다. 한결 더 힘을 뺀 모습으로 진짜 내 모습에 대해 이야기를 해나갔다. 어릴 적부터 무려 40년을 가지고 살아온 내 모습, 바로 오지랖에 관해서였다.

세 번이나 세바시 무대에 오른 나에 대해 사람들은 굉장히 특출난 사람으로 보기도 한다. (하지만 이건 어디까지나 오해다.) 우연히 세바시 대학에 입학했고, 단지 열심히 해서 최종 엔트리에 들어갔을 뿐이다.

'내가 뭐라고. 그런 무대에 설 수 있겠어?'
'그런 곳은 대단한 사람들만 가는 데야!'

이렇게 말하는 사람들과 단 한 가지 다른 점은 과감하게 도전했다는 것뿐이다. 그게 유일한 차이점이다.

이런 귀한 경험을 나 혼자만 할 수는 없지

귀한 경험을 나누고 싶었다. 그래서 두 번이나 지인 30명을 세바시 대학에 입학시켰다. 지금까지 강연 무대에 올린 사람도 스무 명이 넘는다.

흔히 세바시는 잘난 사람들만 나와 자신의 성공 이야기를 하는 자리라고 생각한다. 하지만 사실은 평범한 일반인들의 이야기에 더 큰 감동이 있다. 내게 더 가까운 이야기에서 진짜 삶의 지혜를 얻을 수 있기 때문이다. 워런 버핏의 투자 성공담보다 101동 아줌마가 1천만 원을 번 이야기가 더 솔깃한 것처럼 말이다.

첫 번째 무대 때 같은 기수였던 도여사라는 분은 떡볶이집 사장님이다. 그분은 본인에게 나는 떡볶이 냄새를 소재로 이야기를 했다. 어느 날 문득 알게 된, 자기 몸에서 나는 분식 냄새에 우울했던 적이 있다고 한다. 그러나 오히려 몸에 잔뜩 밴 치열한 삶의 흔적이 학생들에게는 야간 자율학습의 고통을 잠시나마 잊게 해주고, 고국을 떠난 이들에게는 향수를 불러일으키는 진한 향수도 된다는 사실을 깨달았다고 한다.

감동적이지 않은가. 숱한 직업윤리와 직업의식을 고취시키는 어떤 교수의 강연이나 칼럼보다 큰 인사이트를 준다. 대단한 사람이 하는 대단한 이야기보다, 평범한 사람이 하는 묵은지 같은 삶의 흔적들이 때로는 더 실용적이고 큰 울림을 준다.

스피치는 듣는 사람의 영혼에 얼마나 가까이 다가가느냐가 중요하다. 그러자면 말보다 경청이 훨씬 중요하다. 내가 하고자 하는 말을 일방적으로 쏟아내는 것이 아니라 상대의 말에 먼저 귀기울이는 데서부터 스피치는 시작된다. 그게 고수의 스피치다.

우리는 이미 자신의 인생이라는 무대에 올라와 있다. 그 무대를 매일, 어떤 마음으로 오르느냐에 따라 인생은 달라진다. 오로지 내게 달려 있다.

02

꼭
잘해야만 하나?

기본값을 낮추는 시간

"오늘 살아 있는 것만으로도 성공이야!"

성공의 기준은 저마다 다를 테고, 또 달라야겠지만 요즘 우리 사회를 보면 정해진 기준이 있는 듯하다.

어려운 국가시험에 합격해 요직을 차지하거나, TV에 나오는 유명한 사람이 되거나, 아니면 대부호가 되거나 말이다. 그리고 서울에 아파트 한 채쯤은 있어야 하고, 못해도 중형 세단 정도는 몰아야 하며, 매일 카페에서 커피 한 잔씩은 즐길 만한 여유가 있어야 한다.

당장 인스타그램만 봐도 그렇다. 어쩜 그리도 성공한 사람들이 많은지. 다들 일은 언제 하는 걸까? 툭하면 호캉스에, 캠

펑에, 아주 유유자적이다. 소셜 미디어의 타임라인을 보며 우리는 매번 상대적 박탈감을 느낀다. 마치 나만 일에 찌들려 고단한 인생을 살고 있는 듯한 느낌이 든다.

박탈감의 원인은 의외로 단순한 데서 찾을 수 있다. '성공한 삶'의 기준이 너무 높아졌기 때문이다. 사실 성공도 아니다. 최소 이 정도는 누리고 살아야 '보통의', '평범한' 삶이라 여긴다. 지나치게 높아진 기준이 우리의 삶을 피폐하고 황량하게 만들고 있다.

해법은 단순하다. 사회가 정한 기준이 아닌 자신의 상황과 수준에 맞게 기준을 재조정하는 것이다. 무엇을 어떻게 행하든 그 기준을 조금만 낮추면 성공의 성적표가 달라진다.

노련한 사람들은 자기 삶에 있어 지표 값에 대한 설정이 유연하다. 하지만 사회경험이 적은, 특히 인턴으로 자주 만나게 되는 대학 졸업반 학생들은 생각의 크기만큼 유연성이 따라주질 못한다. 주입식 교육 탓인지도 모르겠다.

'랭핏'에는 매년 협약으로 맺어진 학생들이 기업 실무를 배우기 위해 실습을 온다. 이십 대의 풋풋함이 넘치다 못해 싱그러워 보이기까지 한다. 하지만 세상 부러울 것 하나 없을 듯한

단순하게 몰입한다는 것

그 젊은이들도 저마다의 고민과 어려움이 있다.

현장실습에 온 학생들은 공통점이 있었다. 하나같이 자격증 시험을 준비하거나 토익 시험에 매달리고 있다는 점이다. 매년 다른 얼굴이지만 보이는 모습들은 어쩌나 똑같은지 신기할 정도다.

보통 이런 시험들은 정해진 연간 일정이 있다. 이 친구들은 처음엔 현장실습을 병행하면서 자격증 준비를 한다. 하지만 결국엔 준비가 덜 되었다는 이유로 접수까지 마친 시험을 다음 차시로 미룬다. 더 좋은 성적을 거두고 싶어서 지금보다 더 열심히 준비하겠다는 포부와 희망을 안고 기회를 다음으로 미루는 것이다. 하지만 대부분은 목표를 끝내 이루지 못하는 것이 현실이다. 게으르거나 능력, 혹은 노력이 부족해서가 아니다. 애초에 목표 설정이 잘못되었기 때문이다.

··· 관점을 조금만 다르게 바라보자 ···

자격증 시험을 치는 이유는 결국 합격을 위해서가 아니던가. 대부분의 시험은 70점이라는 정량적 점수를 넘으면 합격이다. 100점이나 70점이나 똑같은 합격이란 소리다. 합격이 목적이라면 성공의 기본값을 만점이 아니라 기준을 확 낮춰 70점에 맞추면 준비하기가 쉽다.

일반 자격증 시험은 어느 정도만 공부해도 50~60점을 넘기기가 그리 어렵지 않다. 따라서 3주 정도의 준비 기간을 두고 처음부터 목표 점수를 71점으로 설정한 다음 도전하면, 성공에 훨씬 쉽게 도달할 수 있다. 그러면 나머지 29점을 채울 수 있는 에너지를 다른 데 쓸 수도 있다. 오직 한 가지 목표에만 올인할 필요가 없게 된다. 아직 경험해야 할 일들이 많은 나이 아닌가.

기준을 조금만 다르게 해보면 성공은 훨씬 가까이에 있음을 깨달을 수 있다. 가장 쉬운 방법이 바로 기준값을 낮춰 시간을 절약하는 것이다. 시간을 품고 흐르는 강물은 돈을 주고도 절대 살 수 없음을 알아야 한다. 언제가 될지 모를 다음, 또 그다음을 위해 기회를 포기하면 시간을 헛되게 낭비한 셈이 된다.

대통령도, 월드 스타도, 세계적인 대부호도, 그리고 나도, 모두 공평하게 하루 24시간이 주어진다. 에너지도 마찬가지다. 하루 동안 쓸 수 있는 에너지도 분명 한계가 있다. 같은 시간 동안 내 에너지를 어디에 어떻게 활용하느냐에 따라 성공과 실패가 나뉜다.

꿈과 목표는 높을수록 좋다고 하지만 때로는 관점을 바꿔서 기준을 크게 낮춰볼 필요도 있다.

03

절실하게 바라면
이루어진다

정부지원사업의 당락을 가르는 1분

1분, 하루 24시간 중 1,440분의 1이다.

뭔가를 하기에는 참 애매한 시간이다. 컵라면이 익기에도 부족하고, 양치질로 치아를 깨끗이 닦기에도 부족한 시간이다. 그래서 하루에 1분쯤 아무 의미 없이 보냈다고 해도 별다른 죄책감을 느끼지 않는다.

하지만 마음이 급할 때의 1분은 정말 간절한 시간이다. 누군가 날 재촉할 때 무의식적으로 나오는 말이기도 하다.

"1분만!"

1분은 때때로 영겁의 시간처럼 느껴지기도 한다. 프리젠테이션이나 강의를 하면서 말문이 막혔을 때 1분이 넘어가면 NG다. 뒷말을 강조하기 위해 잠시 뜸을 들일 순 있어도 길어야 5초를 넘겨서는 안 된다. 그런데 1분? 망했단 소리다.

창업에서의 1분은 어떨까? 길고 긴 장기전에서 1분? 별거 아닐 수 있다. 그러나 때때로 천금과도 같은 시간이 되기도 한다. 특히 누군가를 설득할 때는 더 그렇다.

정부지원금을 받으려면 소위 '사업계획서'라는 것을 제출해야 한다. 지원사업 분야의 컨셉에 맞추어 사업계획서와 각종 서류를 먼저 제출해야 심사를 받을 수 있다.

1차 심사결과를 통과한 후 발표까지 하고 나면 평가를 거쳐 고득점 순으로 지원금이 정해진다. A4 용지 15장 남짓이 정부지원금 1억 원을 받는 단초가 되는 것이다. A4 한 장당 약 660만 원의 가치가 있는 셈이다. 15장이 많아 보이지만, 그 안에서 창업 스토리를 설득력 있게 풀고, 또 비전까지 보여주려면 한 글자, 한 글자가 얼마나 귀한지 모른다. 다시 돈으로 환산하면, 한 페이지에 약 1,500자 정도 들어간다고 계산했을 때 한 글자당 약 4,400원이다. 정말 귀한 글자가 된다.

··· 모델을 모텔로 적다니! ···

다시 1분이라는 시간 이야기로 돌아와서, 예전에 정부지원 사업에 지원했을 때의 일이다. 1분이라는 시간이 얼마나 어마어마한 힘을 가졌는지 처음으로 느낀 일이 생겼다.

서류 제출 직전에 사업계획서에서 치명적인 오타를 발견한 것이다. 혹시 누락된 자료나 오류는 없는지 마지막으로 살펴보던 중이었다. 맙소사! 지역균형개발 '모델'을 지역균형개발 '모텔'로 기록해놓은 것이다. 띄어쓰기 잘못도 아니고, 모텔이라니! 이 정도라면 1차 관문 선정에 심각한 영향을 미칠지도 모를 실수였다. 운 좋게 서류 심사에 통과하더라도 발표 때 "숙박업 하실 거예요?"라는 비아냥이 분위기를 박살 내고 말 것이었다.

문제는 이걸 수정하자니 제때 접수를 못할 것 같았다. 지원사업 서류 마감 1시간 전은 접속이 과하게 밀리기 때문이다. 오타를 수정하면 접수를 못할 수 있고, 치명적인 오타를 수정하지 않으면 선정이 안 될 수 있다.

나는 이럴 때 늘 수정을 택한다. 접수를 못하더라도 바로잡지 못해 느끼는 심리적 압박감이나 후회가 더 크기 때문이다.

사실 이런 경우가 몇 번 있었다. 실제 접수를 못한 경우도 있었고, 무려 1시간이나 빨리 접속하고도 막판에 서버가 다운되면 도저히 구제가 안 된다. 그래서 접수 마감 5분을 남겨두고 접수할 때는 심장이 오그라드는 기분마저 든다. 심사 절차가 복잡하고 경쟁이 치열한 지원사업일수록 최소 반나절 전에 접수를 해야 한다는 사실은 경험이 꽤 쌓이고 난 후에 깨달았다.

아무튼, 마지막 접수 단계에서 1분은 지난 수일간의 고생을 한순간에 물거품으로 만들어 버리기도 한다. 그래서 지원창을 열면 입이 바짝바짝 마르고 정신마저 혼미해진다. 자주 겪으면 익숙해지긴 한다. 게다가 아예 지원조차 못하게 된 경험도 몇 번 하고 나니 오히려 마음이 평온해지기까지 했다. 괜찮아, 그때도 못한 적 있었는데 뭘!

한번 최악의 상황을 겪고 나면 초연해질 수 있다. 처음에는 손이 떨려 로그인도 못하는 지경이었는데, 이제는 시간이 남는다. 수능시험에서 막판 1분 전에 답안을 바꿀 수 있는 깡이 생기는 것이다.

정부지원사업에서 1분의 위력은 서류 지원 후에도 다시 느끼게 된다. 서류가 통과된 후 사업계획서를 발표할 때 첫 질의를 받는 순간이다. 정부지원사업 최종 발표회장에 가면 여러 심사위원들이 매의 눈을 하고서 앉아 있다. 웃음기라곤 찾아

볼 수 없는 발표회장은 마치 청문회를 방불케 하는 분위기다. 발표 차례가 되면 영하의 날씨에 시베리아 벌판 한가운데를 홀로 걸어가는 기분이다.

심사위원들은 같은 자리에 앉아 있지만 알고 보면 그들만의 라인과 서열이 존재한다. 보통 그 대회를 주관하는 센터장이 심사위원석 가운데 자리한다. 잘 보여야 할 사람이 따로 있다는 뜻이다. 센터장은 절대 갑(甲)의 위치이기 때문에 그와의 질의 내용에 따라 평가 분위기가 크게 달라질 수밖에 없다. 최고 권위자의 질문이 긍정적이면 내 아이템도 긍정적으로 평가받는다. 반대로 회의적인 질문을 받으면 이후에도 부정적인 질문이 이어지고, 당연히 좋은 결과도 기대하기 어렵다.

인터넷 게시판에서 첫 댓글이 중요한 것처럼 최초의 질문이 주는 파급력은 상상 이상으로 크다. 내게 주어진 그 첫 질문에 답할 1분을 어떻게 채우느냐에 따라 선정 결과가 달라진다. 1분 동안 숨만 잘못 쉬어도 수천만 원에서 수억 원이 눈앞에서 사라진다. 고작 1분 만에 결정되는 일이다.

1분,
역전하기에 충분한 시간

정부지원사업을 잘 받는 비결

위기의 순간은 반대로 엄청난 역전의 기회를 선사하기도 한다. 특히 심사위원이 회의적인 질문을 할 때 오히려 잘 받아치면 대역전의 발판을 마련할 수도 있다. 이때 얼마나 여유 있는 답변을 하느냐에 따라 분위기가 반전될 수 있다. 역시나 단 1분 동안 말이다.

창업가들은 대부분 자기 아이템에 거의 미쳐 있는 상태다.

이게 긍정적으로 작용하면 열정을 발휘하지만, 한편으론 나쁜 피드백을 좀처럼 받아들이지 못하게 된다. 그래서 부정적인 질문을 못 견디고 발표 도중에 언성을 높이며 싸우는 대표도 있다. 얼굴을 붉히며 심사위원 당신 생각이 틀렸다고 점잖

게 대항하기도 한다.

그런데 부정적인 피드백을 싫어하는 건 심사위원들도 마찬가지다. '당신이 틀렸어'라는 말을 좋아할 사람은 세상에 없다. 누구나 공격을 당하면 무의식적으로 방어하는 게 본능이다.

"결국 사교육 조장하자는 거 아닙니까?"
"애들이 책상 앞에 앉아야 공부가 되지.
뛰어놀면서 어떻게 집중이 되겠어요?"

랭핏이 처음 받았던 피드백이다. 처음에는 당연히 화부터 났다. 다음에는 저 깊은 단전에서부터 설움이 밀려왔다. 감당하기 힘든 감정에 휩싸이면 여간해선 얼굴 표정을 관리하기 힘들어진다. 당연히 좋은 점수를 받을 수도 없었다.

특별한 대안은 없다. 격변의 1분을 여러 번 겪다 보면 마침내 의연하게 대처하는 자신을 발견하게 된다. 마침내 1분을 경영할 수 있게 되는 것이다.

"아! 제 아이템을 관심 있게 보시고 질문해주셔서 감사합니다. 그렇게 생각하실 수도 있는 사실을 지금 알았습니다. 아직 미흡함이 많은 초기 창업가이기에 지금 하신 말씀 잘 보완해서 소비자들이 느끼는 불편함이 없도록 하겠습니다."

그리고, 미소.

날카롭고 공격적인 질문으로 인해, 자칫 나락으로 갈 수 있는 절체절명의 상황에서 여유롭게 대처하며 웃기까지 했다.

침착한 1분의 위대함을 알게 된 결과, 2021년에는 도전했던 정부지원사업에서 90% 이상 선정되었다. 여유로운 태도가 심사위원들에게 호감이 되었던 것이다. 몇몇 심사위원들은 나를 기억하고 다른 대회에서 나에 대해 주고받았던 이야기가 내 귀에까지 들어온 적도 있다.

거듭되는 실패는 실패 자체에 익숙해지게 만든다. 중요한 건 그 이후다. 누구는 자신도 모르는 사이 패배감에 찌들고, 누구는 오히려 마음이 더 단단해져 위기의 상황에 더 의연하게 대처하게 된다.

성공의 1분도, 실패의 1분도 그냥 지나가는 찰나의 순간일 수 있다. 다만, 그 짧은 순간을 지배할 수 있어야 한다. 지금도 1,440분의 1이 지나가고 있다. 이를 의미 있게 채우는 건 오로지 나의 선택과 결정에 달렸다.

그때 하고 싶다는 일은
어떻게 됐어?

목표를 생각하는 시간

바쁘게 살다 보니 친한 친구가 많지 않다.

그래도 가끔 만나면 그들의 계획을 귀담아듣고, 다음번에 꼭 물어본다.

"그때 하고 싶다고 한 일은 어떻게 됐어?"

"어쩌다 보니 안 됐어. 완전 실패야."

그런데 이상하게도 친구가 '실패'라고 단정지어 버리면 그 과정을 듣고 작은 응원이라도 해주고 싶은 마음이 싹 사라진다. '그걸로 실패구나! 실패도 그 속에서 여러 가지가 있을 텐데…'라는 생각이 든다.

그런데 "어, 이번에 80프로 정도는 일을 진행하다가 마지막에 그 친구가 갑자기 안 한다고 해서 실패했어"라고 말하는 친구는 느낌이 다르다.

그 친구가 마지막에 왜 갑자기 안 한다고 했는지 같이 고민하고 싶어진다. 80%든 10%든 결과론적으로는 실패다. 하지만 모든 실패가 같은 건 아니다.

··· 목표와 계획은 다르다 ···

여기서 목표와 계획의 차이를 본다. 우리가 굉장히 혼동하는 개념이다.

시작의 사전적 정의는 '어떤 일이나 행동에 처음 단계를 이루는 것'이라고 한다. 시작이라는 단어조차도 처음 '단계'라고 정의하고 있다. 우리는 대부분 목표와 계획을 같은 개념이라고 생각해서 시작부터 끝까지 단계를 계획하지 못한다. 단계를 정하면 그에 대한 세부 계획이 나오고, 그 계획을 하나씩 다듬다 보면 어느새 일이 진행되는데 말이다.

'내 이야기를 책으로 내자.'

이건 목표이지 목표를 실행하기 위한 계획이 아니다. 그 목표를 달성하기 위한 계획을 세우고 순서대로 진행하면 되는데 처음부터 그게 없으면 우왕좌왕하게 된다.

머릿속으로만 세운 (계획 없는) 목표는 시간이 지나면 실패의 자기합리화 코스를 밟는다. 나도 그랬다. 생각해보면 그 목표를 달성하기에 당장 너무 바빴다. 생각이 많아지면 책쓰기에 몇 가지 어려움이 보이고, 결국 나는 준비가 덜 되어 보인다. 한참 큰 목표를 정하고 아무것도 하지 못했을 때 '다음 기회에'라는 달콤한 문 앞에 다다른다. 절대 실패하지 않는 연기의 문이다. 결국 시작조차 못하는 거다. 실패는 절대 안 하지만, 절대 시도조차 할 수 없다.

이때 필요한 것이 '몰입'의 힘이다. 나에게 필요한 것이 무엇인지, 나의 능력이 어디까지인지, 주변 상황에 흔들리지 않고 나를 제대로 몰입해서 들여다봐야 한다.

그렇게 이번에도 몰입해서 실천 가능한 계획을 세우고, 일정에 따라 움직였다. 그리고 느린 것 같아 보였지만, 결국 이렇게 책이 나왔다. 다시 말하지만, 목표와 계획은 다르다.

목표에 대한 단계를
쪼개야 진행된다

두리뭉실한 계획은 망조가 들었다

계획을 세울 때 30분, 10분 단위로 잘게 쪼개 놓으면 해야할 일들이 생각보다 많다. 집중해서 들여다보면 자연스레 일의 순서가 생긴다. 그러면 처음부터 목표와 계획을 잘 나눌 수있다.

『설득의 심리』 저자인 로버트 치알디니는 'If, Then, When' 이 세 가지가 다 들어가야만 사람의 행동을 바꿀 수 있고, 이게계속 반복되어야만 습관이 만들어진다고 했다. 목표를 해내기위한 자동화 시스템이 만들어지는 것이다. 이렇게 우리가 하나로 보는 것들을 잘게 썰어놓고, 그다음 순서로 하나씩 행동하면 시나브로 목표행 기차를 탈 수 있다.

단정짓는 명사 대신에
살아 움직이는 동사, 형용사를 쓴다

세바시에 3번 출연하는 동안 원고도 여러 번 쓰고, 여러 강연자들의 이야기도 많이 들었다.

강연자들은 무대에서 자신의 성공 스토리를 15분 내로 압축해서 이야기해야 한다. 그래서 처음에는 말하고 싶은 대로 술술 원고를 쓰지만, 이내 30프로 정도 분량이 줄어든다. 열줄 분량을 한 줄로 말하기도 한다. 이 정도는 양호하다. 어떤 때는 통편집이 된다. 시간 제약이 있다 보니 엑기스만 뽑아내야 한다.

세바시 동기 중 대통령 경호를 하다가, 미국 대학에 진학하고, 결국 파일럿이 된 분이 있었다. 그런데 이렇게 남들은 인생에 한 번 하기도 힘든 업적을 단 세 줄로 이야기해야 한다면 상대에게 감동을 주기 힘들다.

스케줄러를 써본 적이 있다면 대부분 시간에 따른 목표를 쓰게 된다. 그런데 시간과 명사는 변주가 전혀 없어 단계를 담아낼 수가 없다.

예를 들어, '이번 달까지 외주용역을 마무리한다'는 창업과제 목표는 처음부터 망조가 들어있다. 기한 내에 마무리 지어야 하는 목표는 항상 이런 식이 되는데 단계를 모르니 외주사에 납품기일을 독촉하게 된다. 그러면 제품의 질이 떨어질 수밖에 없다. 정말 딱 문제 없을 정도의 수준으로 나온다.

친구가 실패라는 말을 했을 때 그 목표가 실패로 깔끔히 정리되는 이유는 명사의 힘 때문이다. 내가 실패라는 말을 듣고 더이상 묻지 않은 건 명사를 쓰면 생각을 종결시켜 버린다.

사전을 찾아보면 동사나 형용사에 비해 명사가 압도적으로 많다. 합리적이고 편하기 때문이다. 하지만 중요한 장기적인 계획, 먼 미래에 대한 목표들은 명사를 빼고 하나하나 단계를 만드는 것이 좋다. 시작조차 못하는 목표나 좋은 계획들이 만들어지기 쉬운 상태가 된다. 명사를 빼고 형용사나 동사로 나만의 단계를 만들어보자. 무언가 이야기가 생겨난다.

거대한 도미노를 쓰러뜨리기 위해 처음에 해야 할 일은 단지 첫 번째 작은 도미노를 툭! 하고 건드리는 것뿐이다.

나는 오늘도
실패하기 위해 도전한다

기본 설정값을 마이너스로

동네에 자주 가는 식당이 두 군데 있다. 마침 길 하나를 사이에 두고 마주보고 있었다.

둘 다 맛집이지만, 그 흔한 블로그 후기 하나 찾아보기 힘들다. 배달도 안 하니 전단지나 명함도 없다. 단골 입장에선 오히려 좋다. 나만 아는 맛집이 알려지면 붐비기만 할 뿐이니까.

갑자기 코로나19가 터지면서 이 두 식당도 손님이 줄기 시작했다. 하루는 점심시간인데도 빈 테이블이 많은 걸 보니 혹시 폐업하지나 않을까 슬슬 걱정이 되었다. 자주 찾는 곳이기도 하고, 국물맛이 정말 끝내주는 곳이어서 없어지면 아쉬울 거 같았다.

그래서 하루는 두 사장님들에게 똑같은 조언을 해드렸다.

이후 계절이 몇 번 바뀌었다. 결국 한 군데는 폐업을 했고, 다른 한 군데는 간판까지 새로 달면서 지금도 성업 중이다.

코로나19가 잠잠해질 무렵 오랜만에 살아남은 식당을 다시 찾아갔다. 날 알아본 사장님은 주방에서 한달음에 뛰쳐나와 손을 덥석 잡더니 인사를 하셨다. 내 조언이 아니었다면 정말 폐업했을 거라고. 내 조언 덕분에 하루 매출이 무려 60만 원이나 더 올라서 위기를 벗어날 수 있었다고 한다.

"그걸 굳이 왜 하시는 거예요?"

사업하면서, 더군다나 하나가 아니라 여러 일들을 하다 보니 자주 듣는 질문이다.

'왜 하는가?'라는 질문의 바탕에는 '도전의 결과는 항상 성공으로 이어져야만 한다'라는 사고가 깔려 있다. 물론 누구나 성공을 목표로 창업을 한다. 그러나 막상 출발선을 벗어나고 나면 성공은커녕 일단 실패하지 않기 위해서 노력해야 하는 순간이 찾아온다. '어떻게 하면 성공할 수 있을까'가 아닌 '어떻게 해야 실패하지 않을까'를 계속 생각하게 되는 때가 있다.

예를 들어, 어플리케이션이나 하드웨어를 개발할 땐 거의 모든 단계마다 실패가 따른다. 실패는 차라리 기본값이라 여기는 편이 좋다. 세상에 없던 뭔가를 기획하고 개발하는 과정은 원래 쉽지 않다. 백만 분의 일 확률로 좋은 외주사를 만나, 환상적인 협업으로 큰 변수 없이 순조롭게 진행된다 하더라도 마지막에 소비자에게 외면받기도 한다. 성공, 성공, 성공… 그래도 그 끝에 결국 실패가 도사리고 있다.

게다가 세상에 없던 상품을 내놓기 위해서는 막대한 마케팅 비용이 뒤따른다. 단순 노출뿐만 아니라 고객에게 상품을 설명하고 이해까지 시켜야 하기 때문이다. 그게 쉬운 제품은 경쟁자가 금방 나타난다. 어느 하나 쉬운 일이 없다. 어떻게 하면 성공할까? 아니, '어떻게 해야 실패를 한 번이라도 줄일까'가 더 현실적인 질문이다.

따라서 처음부터 성공을 목표로 해서는 시작조차 어렵다. 성공은 수많은 실패를 통해 만들어지기 때문이다. 이 과정을 부정하면 매 순간순간 찾아오는 실패가 너무나 뼈아프다. 게다가 지속해서 타격을 입으면 제아무리 천하장사라도 결국 쓰러지게 되어있다. 그게 진짜 실패다.

일부러, 반드시 실패를 하라는 뜻이 아니다. 중요한 건 과정과 결과를 바라보는 내 '관점'이다. 창업에서 열 번의 실패쯤

이야 많은 것도 아니다. 그냥 실패를 당연한 초기값으로 인정하고 경험으로 여길 수 있어야 한다. 이해하기 쉽게 '실패'라고 표현했지만 사실은 모두 다 성공으로 가는 '경험'들이다.

매번 반복되는 실패를 비로소 즐길 수 있게 되면, 어느 순간 성공의 문턱 앞에 도달했음을 느낄 수 있다. 그렇게 도달한 성공의 순간은 뛸 듯이 기쁘다기보다 덤덤하고 의연하게 받아들이게 된다. 그 지점에 오래 머물 생각이 없고, 벌써 다음 성공 목표를 그리게 된다. 어느 분야든 롱런하면서 꾸준히 성장하는 이들의 공통점이기도 하다.

··· "그걸 굳이 왜 하시는 거예요?" ···

랭핏을 만들 때도, 무료 강의를 제공하는 커뮤니티를 만들 때도 무수히 듣던 질문이다. 조언을 가장한 온갖 비아냥도 많았다.

"어떻게 몸을 움직이면서 영어 공부를 해?"
"그 귀한 강의를 왜 무료로 제공해?"
"수익도 안 나는데 오래 지속할 수 있겠어?"

"혹시 다단계 아닌가?"

그런 오해들을 딛고 랭핏은 지점을 5개나 가질 정도로 성장했다. 또한, 우경마(우리 동네 경영 마케터)는 든든한 팬 300명을 가진 아주 탄탄한 커뮤니티가 되었다.

그 비결은 여러 가지가 있지만, 딱 한 가지를 꼽자면 실패가 뻔해도 도전했기 때문이다. 아니, 오히려 마이너스를 기본 설정값(디폴트값)으로 정하고 시작한 덕분에 매순간 끊임없이 도전할 수 있었다. 처음부터 실패하고 손해 볼 작정을 하고 덤비면 겁날 것이 없다.

"사장님, 여긴 왜 배달을 안 해요?"

한때 폐업을 진지하게 고민했던 단골 식당 두 군데의 두 사장님들에게 이렇게 물어본 적이 있다. 이 질문에 두 분의 답변은 의외였다.

"에이, 그런 거 해서 뭐해. 번거롭기만 하지. 배달비 빠지고 나면 남는 것도 없을걸. 배달한다고 매출이 는다는 보장도 없고."

무엇보다 국물이 식으면 맛이 없다는 이유도 덧붙였다.

코로나19가 창궐하던 당시 매일 손님이 없어 가게 청소만 열심히 하시는 두 사장님들에게 나는 배달을 추천드렸다. 회의적인 한 사장님과 달리 그래도 내 말에 귀 기울이시는 다른 사장님에게 나는 괜한 오지랖을 더 부렸다. 사장님 얼굴을 그린 캐리커처 스티커까지 만들어드린 것이다.

"사장님 이거 배달하실 때 붙이면 좋아요. 어차피 대박은 아니더라도 이렇게 시도라도 해보세요. 제가 시켜 먹고 좋은 댓글도 달아드릴게요. 어려운데 이렇게라도 해봐야죠. 그러니까 꼭 배달 시작하세요. 국물이 맛있으니 사람들 반응도 좋을 거예요."

나의 적극적인 조언에 마음이 움직였는지 스티커를 받은 사장님은 며칠 고민 끝에 배달 어플에 입성했다. 그저 임대료에 조금 보탬이나 될까 싶어 시작한 배달이었는데, 그것이 대박의 시작이었다.

한 사장님은 끝내 도전을 못 했지만, 스티커를 받은 사장님은 실천에 옮길 수 있었던 이유가 여기에 있다. 설정값이 낮았기 때문이다. 반드시 성공하겠다는 마음보다 이렇게라도 해볼까 하는 마음이 엄청난 결과를 가지고 왔다. 어차피 배달만으로 잘될 수가 없다는 생각, 큰 기대와 욕심보다 어떻게 하면 조금이라도 덜 실패를 할까가 사장님의 작은 의도였다. 그리고 그 작은 의도가 사장님을 구했다.

시작이 쉬우면 과정이 어렵다. 시작이 어려우면 오히려 과정은 쉽다. 예상치 못한 성공은 어려운 시작에서 오는 것임을 기억하자. 결국 스스로의 편견을 깨지 못하고 시도를 거부한 사장님은 월등히 유리한 조건이었음에도 폐업의 길을 걸었다.

장인이 가마에서 오랜 시간 공을 들인 도자기를 꺼낸 뒤에 하는 선택을 보라. 우리 눈엔 보이지도 않는 오점 하나에 사정 없이 망치질을 가한다. 망치를 쥔 손의 스냅은 한 치의 주저함도 없다. 그 표정은 편안하기까지 하다. 망친 도자기는 실패가 아니라 과정에 불과하기 때문이다. 수많은 실패를 전체 과정에 포함시켰을 때야 비로소 살아남은 도자기들이 완벽해지는 것이다.

아무런 이유 없이 재미있어야 지치지 않고 한다

1. 주의와 기억에 따라 달라지는 학습 효과

뇌는 새로운 것, 만족감을 먼저 찾는다(주의)

뇌는 선천적으로 새롭고 신기한 (noble) 자극과 만족감 · 기쁨 · 황홀감 등의 보상을 우선적으로 추구하도록 프로그래밍이 되어 있다(Judy Willis, 2012).

뇌는 어떤 정보(자극)에 접하면 본능적으로 "주목해야 할 새로운 것이 있는가(파악해야 할 새로운 패턴의 변화가 있는가)?"라는 질문을 던진다. 생존하기 위해서다.

보상의 경험을 반복하고 싶은 욕구

뇌는 새로운 정보(자극)를 접하면 예측하려고 한다. 그 예측이 맞으면 기분이 좋아지는 보상을 받게 된다.

이런 보상이 있기에 뇌는 동일한 경험을 반복하고자 한다. 이것이 주의를 지속시키는 매커니즘이다. 이는 수업에 많은 시사점을 준다.

2. 학습자가 산만할 때 어떻게 할 것인가

아동의 평균적인 주의 지속 시간(attention span)은 10~20분이기 때문에 주의를 계속 유지시키기 위해서는 20분마다 수업에 변화를 줄 필요가 있다.

망상활성계(RAS)를 감각필터라고 부르는 것은 이것이 오감을 통해 들어오는 수많은 감각 중에서 주의를 기울여야 할 정보와 무시해야 할 정보로 나누는 기능을 하기 때문이다.

학습자 주의를 끌기 위해서는 도파민(dopamine)의 분비에 주목할 필요가 있다. 도파민은 즐거운 경험을 할 때 분비된다. 도파민 분비가 적정 수준으로 증가하면 만족감, 창의력, 동기, 호기심, 끈기 등이 높아진다. 랭핏은 최대 유지 시간을 20분으로 보고, 피트니스 20분으로 뇌를 깨우고 수업에 들어가서 20분을 3번씩 나누어 수업한다.

Q 수업 적용

도파민 분비를 위해 어떤 활동을 하면 좋을까?

A _____

_____

_____

예

- 랭핏터끼리 긍정적인 상호작용하기

- 랭핏 체육시간에 뇌를 활성화하기

- 새로운 관점으로 서로서로 보게 하기

- 감사의 태도, 낙관적인 생각을 기본으로 하기

- 랭핏터의 선택을 존중하기

- 20분에 한 번 수업을 생기있게 하기

- 협동, 도전, 열정의 가치를 알게 하기

3. 기억과 집중에 효과적인 수업 시간의 구성

데이비드 소사(David Sousa, 2017)의 발표에 따른 '기억의 초두-최근 효과(primacy-recency effect)'의 결론은 수업에 큰 시사점을 준다.

최상의 시간 1	• 새로운 내용을 먼저 학습하고
저조한 시간	• 뇌에 짧은 휴식(brain breaks) (3분 요가나 심호흡)을 제공 • 수업의 모드(mode) 바꾸기
최상의 시간 2	• 최상의 시간 1에서 배운 것을 연습하거나 복습하기 • 새로 배운 내용, 더 알고 싶은 내용 • 신체 움직임을 수반하는 수업 활동

단순하게
몰입
한다는것

SEVEN

무일푼으로
내 가치를
높이는 비밀

아낌없이
사람을 대한다

함께
성장하는 시간

내 편을 만드는 법

영단어 '리스펙(respect)'은 '존경, 존중하다'라는 뜻으로 동사와 명사를 모두 포함하고 있다. 're'는 '다시', 그리고 'spect'는 '보다'라는 뜻이다. 말 그대로 존경하고 존중한다는 말은 그 사람을 '다시 본다'라는 의미로 해석할 수 있다.

사업을 할 때 협업의 중요성은 천 번을 강조해도 지나치지 않는데, 이 협업에서 가장 중요한 키워드가 바로 리-스펙(re-spect)이다.

10년 전 어느 날, 당시 고등학생이던 예하가 상담을 요청해 왔다. 예하는 언제나 밝은 아이였다. 그런데, 유독 그날은 큰 두 눈에 눈물이 주렁주렁 달려 있었다. 디자인 공부를 너무 하고 싶은데 미술학원 비용이 비싸서 영어학원까지 다닐 수가 없다는 거였다.

본인은 너무 진지한데 정작 나는 웃음이 났다. 이 나이에 이렇게 진중할 수 있다니! 게다가 진정성 있게 퇴원 의사를 직접 밝히는 태도도 기특하고 고마웠다. 대부분은 엄마가 전화로 통보하거나 문자로 퇴원 의사를 밝히기 때문이다.

"예하야, 선생님이 나중에 랭핏을 크게 키워서 기업으로 만들 거야. 그때 너를 고용할 테니 꼭 훌륭한 디자이너가 되어 있어라!"

시간이 흘러 랭핏도 차츰 자리를 잡아가기 시작했다. 그러면서 참으로 신기하고, 감사하게도 장래희망이 '랭핏 선생님'이라는 아이들을 자주 만나게 되었다. 막연한 선생님이 아닌 콕 찍어 '랭핏' 선생님이다.

실제로도 지금의 랭핏을 이끄는 핵심 인물 다섯 명은 모두 랭핏 출신들이다. 누구보다 랭핏을 잘 알고, 철학과 가치관을 이해하고 있으며, 비전을 현실로 옮기는데 앞장서는 든든한 아군들이다.

내 브랜드를 직접 사용했던 사람이 전달자가 되고, 이를 통해 다시 사용자가 전달자가 되는 이 선순환 구조는 자본이 충분한 기업들도 쉽게 따라 하기 힘들다. 오랫동안 켜켜이 쌓인 신뢰와 시간은 자본으로는 얻을 수 없기 때문이다. 실제 많은 투자자들이 랭핏의 여러 장점 중 이 선순환을 최고의 가치로 꼽는다. 거창하게 기업 철학을 논할 필요도 없이, 직원들의 주인의식과 창업주의 정신은 이런 순환에서 잘 드러난다.

2020년, 코로나19로 전 세계가 발칵 뒤집혔다.

2호점을 오픈하자마자 큰 시련이 닥친 것이다. 이제 막 오픈한 터라 원생이 손에 꼽을 정도였는데 이마저 위태위태했다. 먼바다를 건너야 할 비행기가 이륙 직후 곧장 활주로에 다시 주저앉은 기분이었다.

당시 정부는 코로나로 인한 실업 증가와 비대면 상황이 됨에 따라 고용문제를 해결해야 한다는 필요성을 느꼈다. 이에 다양한 정책을 내놓았는데, 그중 하나가 디지털 일자리로 인력을 고용하면 6개월간 지원을 해주는 프로그램이었다. 예전부터 영어체육에 필요한 콘텐츠를 담은 교재를 만들고 싶었는데, 어차피 원생도 없는 마당에 지금이 기회라는 생각이 들었다.

그러던 와중에 갑자기 기억 저편에 있던 예하가 떠올랐다. 미술학원으로 옮긴다며 원치 않는 이별을 고했던 예하에게 전화를 걸었다. 마침 그녀는 졸업을 앞두고 있었고, 운명처럼 랭핏의 직원이 되었다. 2020년 9월 14일, 날짜까지 기억한다. 그렇게 예하는 랭핏 교재를 장식하는 대표 캐릭터 액티, 담이, 마루, 하다, 바오 5형제의 엄마가 되었다.

··· 내 편을 만들다 ···

랭핏의 든든한 아군은 또 있다. 1호점 부원장인 가영이다. 한 번 아닌 건 아니라고 끝까지 강단을 부리는 가영이는 학창 시절 혼자 급식을 먹던 아이였다. 친구가 많지 않던 가영이의 유일한 낙이 바로 랭핏이었고, 그래서인지 우리 학원에서만큼은 늘 밝고 주도적이었다.

랭핏의 영향을 받아 영어에 흥미를 붙인 가영이는 이후 영문학과에 진학했고, 대학을 졸업하기도 전에 일찍이 랭핏의 식구가 되었다. 활동성이 강한 영어체육의 특성상 조용조용한 성격의 교사는 맞지 않다고 생각할 수도 있었다. 만약 그런 이유로 그녀를 리스펙하지 않았다면 지금 1호점의 중심은 과연 누가 잡았을까 싶다. 랭핏의 일등 공신을 놓쳤을지 모른다는 생각만으로도 아찔하다.

한편, 다른 지점 부원장인 세빈이는 아이들 앞에서만큼은 세상 누구보다 상냥한 선생님으로 변신한다. 원래 성격 같지만 평소엔 무뚝뚝한 공대 출신이다. 그런 그녀가 얼마 전 결혼식에서는 춤까지 췄다. 세빈이가 아이들을 가르치긴 하지만 동시에 아이들도 세빈이를 바꿔놓은 것이다. 첫 유치부 수업 시간에 진땀을 빼고 있던 그녀의 얼굴이 아직도 생생하다. 그날 그녀의 상황을 리스펙, 다시 보지 않았다면 아마 지금의 세빈이는 없었을 것이다.

다시 강조하지만, 협업에서 가장 중요한 키워드는 리-스펙 (re-spect)이다. 제자였던 학생들이 커서 직원이 되고, 그들에게서 배운 아이들이 다시 랭핏 선생님을 꿈꾸는 순환은 앞으로도 계속 일어날 것이다.

이런 선순환의 원리는 단순하다. 제자로 바라보는 관점에서 벗어나 직원으로서의 재능을 다시 발견하려는 태도가 필요하다. 나 또한 선생님이자 동시에 대표로서 성장이라는 책무를 다하려는 것이다.

언젠가는 보물 같은 이 친구들도 하나둘씩 떠날 것이다. 그 또한 순환의 한 과정이다. 다음 인연을 위해서는 또다시 리스펙하는 시간이 필요하다. 그러면 성장은 저절로 따라온다.

일을 폼나게
처리하는 법

여유있게 열린 결말을 주면 생기는 일

사랑할 때는 누가 더 어려울까? 더 많이 좋아하는 사람이다. 상대를 좋아하면 좋아할수록 상대에 맞추어주게 된다.

집을 팔 때는 누가 더 어려울까? 돈이 급해 시간이 없는 사람이다. 시간에 쫓기면 가격을 낮춰 급매로 내놓게 된다.

일할 때는 누가 더 어려울까? 바로 경험이 없는 사람이다. 경험이 없으면 불안하고 초조해 주도적인 일처리가 어렵다. 상대방에 끌려다닐 수밖에 없다.

여러모로 여유가 없는 사람이 매사 어려운 상황에 놓이게 된다. 반대로 여유를 가지면 일할 때 폼이 난다. 그 여유는 손해를 기꺼이 감당하는 마음에서 나온다. 함께 살았던 증조할머니는 어렸을 때부터 이렇게 말씀하시곤 했다.

"살아본 사람들 말은 다 피가 되고 살이 되는기라."

백번 맞는 말이다. 수많은 시행착오로 만들어진 숱한 말들이 도움이 되는 경우가 많다. 경험만큼 좋은 선생님이 없지 않은가? 화려한 광고보다 내돈내산의 찐 후기가 소비자를 불러모은다. 지난 역사를 들여다보면 그만큼 좋은 인생 교과서가 없다는 걸 알게 된다. 경험 중에서 가장 비싸고 좋은 경험이 바로 실패한 경험이다. 가슴 아프지만 회사를 성장시키는 좋은 후기는 별 하나짜리 후기다. 실패를 마주하고 인정할 수 있을 때 여유가 나오고 성장이 일어난다.

무엇이든 효율성은 엄청난 시행착오 후에 만들어진다. 실패하지 않으려는 각오로 효율성을 논하지만 사실 수차례 실패를 해야만 가장 좋은 모델을 짤 수 있다. 여러 번 실패 후 이루는 최후의 성공이 의미 있고 값진 이유다.

어렸을 때부터 가난했기 때문에 많은 결핍이 있었다. 그리고 나름의 우여곡절을 거쳐야만 내 손에 무엇인가 쥘 수 있었다. 저절로 주어진 적은 한 번도 없었다. 처음부터 없었기 때문에, 밑져야 본전이라는 생각으로 실패를 무서워 하지 않는다. 그래서일까? 협업의 파트너를 만나면 실패를 무서워하지 않는 느긋함이 나를 더 빛나게 한다.

"랭핏 대표님, 정말 그렇게 해도 되겠어요?"

"네, 다음에 저희 잘 챙겨주실 거잖아요."

성공하고 싶은 마음이 간절하면 많은 것을 따지게 되고 조급해진다. 이때 실패했더라도 그다음을 기약하며 열린 결말을 주면 상대의 마음을 살 수 있다.

예를 들어, 직원이 업무가 조금씩 초과될 때마다 대표에게 보상을 요구하면 그 요구가 정당하고 현명해 보일지라도 결국은 정답이 아닌 경우가 많다. 직원이 셈하는 만큼 대표 역시 어느 순간 계산을 하게 된다.

'저 직원은 내가 주는 급여만큼 일을 할까?'

'똑같은 급여를 받은 다른 직원보다 일을 안 하는 게 아닐까?'

그럼 결과적으로 직원도 좋을 것이 없다. 가장 현명한 직원은 '일단 한번 해본다'고 말하는 직원이다. 대표를 미안하고 고맙게 만드는 직원이 현명한 직원이다. 그럼 그 고마움과 미안함을 표현할 때는 그동안의 복리로 엄청난 일이 일어난다.

하나하나 손해 안 보고 본인의 요구를 정당히 요구하는 직원은 본인이 합리적이라고 생각할 것이다. 단언컨대 절대 아니다. 대표에게 마음의 빚을 만드는 직원이 받는 보상이 훨씬 크다. 나 역시 여유가 되었을 때 마음의 빚을 진 직원에게 주는 보상이 말도 안 되게 큰 경우가 많았다. 매시간 계산해서 보상을 받았던 직원은 절대 상상할 수 없는 크기다.

처음 교습소를 오픈할 때 돈을 빌리면서도 이런 마음이었다.

"그냥 한번 해보지 뭐! 그래봤자 삼각김밥
몇 개월 먹는 거 말고 뭐가 있겠어?"

멋진 성공이 나를 빛나게 하는 것이 아니라, 실패를 감당하고 손해를 인정하는 여유가 나를 더 빛나게 하고 폼나게 한다. 그리고 나중에 있을 성공이 더 의미 있고 값지게 된다.

만남에서 인맥으로, 인맥에서 귀인으로

스치는 인연을 귀인으로 만드는 법

꽃집에 가면 꽃향기가 몸에 배고, 화장실에 가면 똥 냄새가 몸에 밴다.

어느 쪽이든 몸에 배는 건 매한가지지만 전자는 향기, 후자는 냄새라 부른다는 사실이 흥미롭다. 사람도 그렇고 인생도 마찬가지다. 향기가 나는 사람이 있는가 하면 냄새를 풍기는 사람도 있다. 인생은 주변에 향기로운 사람이 많은가, 악취 나는 사람이 많은가에 따라 달라진다. 그래서 사람은 사람을 잘 만나야 한다.

주변이 온통 꽃으로만 가득한 인생은 없다. 여러 사람 만나다 보면 그중엔 똥도 있고, 된장, 고추장, 하물며 청국장도 있는 법 아니겠나. 범죄자만 아니라면 세상에 무의미한 인연은 없다. 똥도 묵히면 퇴비가 된다. 악취 나는 사람도 넓게 보면 다 인맥이고 어딘가에는 쓸모가 있다. 그리고 그 쓸모를 만드는 것은 결국 나에게 달려 있다.

··· 인맥을 귀인으로 만드는 단순한 비결 ···

인맥을 귀인으로 만드는 비결은 단순하다.

마음가짐 하나만 바꾸면 스쳐지나가는 인맥들이 내게 와서 귀인이 되어준다. 오래 아파보면 느끼게 되는 점이 하나 있다. 아무렇지 않게 누렸던 일상들이 얼마나 귀하고 감사한지를 알게 된다. 또는, 어느 날 갑자기 아파트 엘리베이터가 고장 나거나, 한동안 수도나 전기가 끊기고 나면 새삼 느낀다. 얼마나 많은 것들을 누리고 살았는지.

고작 핸드폰을 반나절만 못 써도 얼마나 불편한가? 일상 속의 편리함은 셀 수 없이 많은 사람들의 숨은 노고 덕분이다. 바로 그 마음이 필요하다. 상대에 대한 존경과 감사의 마음이 흔한 인연을 귀한 인맥으로 이어준다.

나는 건물의 경비 아저씨와 주차장 관리인에게 깍듯이 예를 다한다. 랭핏의 열렬한 홍보대사이기 때문이다.

내 가게, 내 회사를 찾는 손님들이 가장 먼저 들르는 곳이 주차장 아니면 경비실이다. 건물에 도착하는 순간의 첫인상은 브랜드에 대한 이미지를 크게 좌우한다. 주차할 때 불친절을 겪으면 이후 아무리 좋은 서비스를 제공해도 손님의 기분을 되살리기 어렵다.

그래서 난 경비 아저씨와 주차 관리하는 분들을 우리 회사 직원이라 생각하고 챙긴다. 그분들 또한 이런 마음을 아시는지 진심으로 나를 응원해주신다. 그 좋은 기운을 받아 회사는 오늘도 순풍에 닻을 올릴 수 있다.

··· 사람을 끌어당기는 것도, ··· 밀어내는 것도 모두 나 자신

흔히 이른 나이에 이룬 성공은 독이라고 한다. 바로 자만 때문이다. 창업 후 승승장구하며 일정 수준에 도달한 창업가들은 자신이 대단하다고 느낀다. 적당한 자신감은 좋으나 자신감이 자만으로 변질되고, 자만이 지나쳐 오만이 되면 관계부터 무너진다. 내가 옳고, 언제나 내가 정답이라는 그 자만심은 알량한 성공을 증거 삼아 거만한 태도로 드러나기 때문이다.

한때 넘치는 열정과 겸손이 풍기던 향기가 악취로 바뀌는 순간 사람들은 코를 막고 나와 멀어지려 한다. 그렇게 한번 관계가 무너지기 시작하면 사업마저 덩달아 쓰러진다. 그건 정말이지 한순간이다.

사실 나도 초반에 경진대회에서 입상하며 스스로가 대단하다고 느꼈다. 그러니 내 아이템을 나쁘게 이야기하는 심사위원이 싫었고, 심지어 언쟁까지 했다. 그분들 말씀 하나하나가 주옥같은 조언인데, 당시엔 몰랐다. 부끄러운 흑역사다. 흑역사인 줄도 몰랐던 기억을 새삼 떠올리게 한 건 학원을 찾은 어느 학부모님 덕분이다.

"여기 주차장 아저씨 너무 친절하시네요."

그 한마디에 가슴에서 쿵 소리가 났다. 창업 세계에서 무엇보다 팀 빌딩과 협업이 중요하다고 강조해온 나였는데, 어쩌면 내가 놓치고 있는 귀인들이 더 많을 수 있겠구나 싶었다.

돌이켜보면 우연한 만남이 대형 프로젝트로 이어지는 경우가 왕왕 있었다. 이게 이렇게 연결되나 싶을 정도로 경이로웠다. 얼핏 사소해 보이는 조언 하나가 랭핏을 키우는 데 엄청난 기여를 한 적도 많다. 본인의 사업에 몰두하다 보면 오히려 객관화가 안 되는데, 그럴 때 다른 관점이 필요하다. 만남 하나하나를 귀하게 여길 수밖에 없는 이유다.

〈세바시〉에서 했던 이야기이기도 한데, 랭핏 4호점은 한때 큰 위기를 겪었다. 미처 자리를 잡기도 전 일이다. 샵인샵으로 들어갔는데 함께하던 피트니스 회사가 망하는 바람에 절체절명의 위기에 놓였다. 아무리 머리를 싸매도 뚜렷한 대안이 떠오르지 않았다. 임대료도 워낙 비싼 동네라 다른 자리를 구할 엄두조차 나지 않았고, 마땅한 데도 없었다. 더군다나 랭핏은 기본적으로 체육실이 필요해 임대료도 두 배가 든다.

칼바람 부는 벼랑 끝에서 기적처럼 창업교육 콘텐츠가 떠올랐다. 그래서, 혼자 랭핏을 일군 스토리를 강연하면서 다른 고급 정보도 같이 알려주는 강의를 런칭했다. 그게 소위 말해 대박이 났다. 오랫동안 재능 기부로 운영해왔던 커뮤니티에서 만난 어느 대표님의 도움으로 강의 콘텐츠를 팔았고, 덕분에 보증금 일부를 마련할 수 있었다. 순수한 마음으로 임했던 봉사활동이 엄청난 기회로 돌아온 것이다.

낭떠러지에서 어떻게든 살아 올라오면 오히려 용기가 샘솟

는다. 그래서일까? 나는 돈을 꿀 때도 당당하다. 아니, 당당함을 넘어 뻔뻔하기까지 하다.

"내 인생에 고작 300만 원쯤 못 거냐"라고 말하며, 심지어 이자도 못 주지만 어쨌든 나 좀 도와달라고 말한다. 단 하루만에 나란히 300만 원의 입금 내역이 찍힌 통장을 보며 인연의 소중함을 새삼 느낀다.

만난 시기는 다르지만 하나같이 우연한 만남으로 인연이 되고, 그분들에게 보인 내 진정성 있는 모습이 그분들을 모두 귀인으로 변하게 한 것이다.

오늘 하루 내가 만난 사람들이 모두 나의 귀인이다.

상대를 귀하게 여기면 실제로 그 사람은 귀인이 된다. 또한, 누군가 내게 귀인이 되길 바란다면 내가 먼저 그들에게 귀인이 되어야 한다. 그런 마음으로 한 사람 한 사람을 진심으로 대하다 보면 필히 서로가 서로에게 귀인이 된다. 지금도 저 골목길 끝에 당신의 귀인이 지나가고 있다.

기꺼이 따를 때
더 큰 꿈이 이뤄진다

주도적 팔로워십의 기술

모든 자원봉사는 귀하고 값진 행위다. 하지만 개인적으로 봉사의 최고 레벨은 아프리카라고 생각한다. 유니세프 광고를 통해서나마 잠시 아프리카 대륙을 보고 있으면 맹렬한 태양의 질투라도 받는 것 같다. 인간이 살아가기엔 가혹한 환경, 끊임없는 분쟁, 그리고 아이들에겐 너무나 폭력적인 빈곤. 짧은 영상을 통해서도 아픔이 느껴지는데 과연 실상은 어떨지 감히 상상조차 할 수 없다.

아직은 선뜻 실천으로 옮기지 못하고 있지만, 아프리카 봉사활동에 대한 염원에는 롤 모델이 한 분 계신다. 지구상의 가장 가난한 나라, 남수단 톤즈에서 아이들을 가르치며 선교에 앞장섰던 이태석 신부님이다.

일상에 치여 삶에 찌들어갈 때 가끔 찾아보는 그의 영상은 나의 눈물 버튼이기도 하다. 이태석 신부님은 지금도 내게 많은 자극이 되어주신다.

비록 아프리카는 아니지만 나눔을 실천하는 일은 지금 내가 있는 곳에서도 얼마든지 가능했다. 그 계기가 된 것이 코로나19의 확산이었다. 팬데믹으로 인해 비대면이 일상이 되었고 '우경마'도 그렇게 탄생했다. '우경마'는 '우리 동네 경영 마케터'의 줄임말로 학원 경영에 관한 각종 정보와 지식, 노하우를 나누는 커뮤니티다.

평소 친분이 있던 광고대행사 대표님이 일거리가 줄어 힘들어 하셨고, 언제 끝날지 모르는 이 시기를 조금이라도 의미 있게 보내자고 뜻을 모았다. 이 플랫폼을 통해 20년 동안 학원을 운영하며 쌓은 노하우를 여러 원장님들에게 아낌없이 무료로 나누어주었다.

거창하고 뚜렷한 목적이 있었던 게 아니었다. 당시 너무 힘들어 어디서든 의미를 찾고 싶었다. 서로 나누고 격려하면 좋겠다는 생각이 전부였다. 그런데 이런 무료 봉사도 색안경을 끼면 음흉하게 보이는 모양이다.

"그걸 왜 무료로 알려줘요?"

"다단계인가요?"

"혹시 전도가 목적인가요?"

온갖 이야기를 들었다. 고가로 판매하는 정보를 무료로 풀고 있으니 오해할 법도 했다. 오해를 받는 건 나뿐만이 아니었다. 같이 뜻을 모았던 광고대행사 대표님 또한 고객사에 수백만 원씩 받고 해주던 서비스를 무료로 공개하면서, 처음엔 감사 인사만큼 오해도 많이 받았다.

그럼에도 불구하고, 진심은 언젠가 통하는 법이다.

어디서도 들을 수 없는 내 인생이 담긴 찐 노하우를 매주 공개해나가자 강의를 듣던 사람들은 주변 지인들을 불러 모으기 시작했다.

한번은 같은 건물에 계시는 영어학원 원장님을 만나 '우경마'를 소개했다. 역시 이해가 안 가셨는지 고개를 갸웃거렸다. 하긴, 같은 과목을 심지어 같은 건물에서 가르치면 서로 경쟁 관계인데 이렇게 하는 이유가 의아했을 것 같다.

··· 결코 혼자서는 불가능한 일 ···

창업은 나라를 세우는 일과 같다. 나라가 세워지려면 땅이 필요하고, 국민이 있어야 한다. 리더가 제아무리 능력이 탁월하다고 한들 혼자서는 아무것도 할 수 없다.

창업은 거창한 것이 아니다. 세상에 존재하지 않는 나라를 세우면 그것이 창업이다. 우선 국민들이 터를 잡고 살기 위한 기반 시설이 필요하다. 마을에는 우물이 필요하고, 나아가 먹거리를 재배하기 위한 농지가 필요하다. 그러자면 수로도 만들어야 한다.

처음엔 마을 사람들이 국가의 존재에 의구심을 품을 수 있다. 돈도 지불하지 않았는데 집 앞에 우물이 생기고, 농사까지 짓게 도와주니 의심을 한다. 그런데 나라를 세우는 건국자 입장에서 보면 우물과 수로는 해야 할 일들 가운데 하나일 뿐이다. 어떻게든 농사를 지어야 곡식도 수확해 팔 수 있기 때문이다. 당장 눈앞에 우물만 보는 이들에게 나는 참으로 이해하기 어려운 사람인지 모른다. 하지만 나의 꿈은 건국이다. 당장 수익이 나오지 않아도 사람들만 모이면 그것만으로 엄청난 부가가치가 따른다.

이때 리더로서 가장 완벽한 성장은 국민들을 성장시키려고 노력하는 것이다. 구성원들을 섬기고 헌신하는 자세가 오히려 나를 세우는 일이다. 남을 성장시키려는 마음은 복리 이자로 고스란히 나에게 돌아온다.

〈세바시〉 무대에 오른 이후 운영진에게 장문의 피드백을 했던 이유도 같은 맥락이었다. 〈세바시〉에는 대부분 유명하고 잘난 사람들이 출연한다. 하지만 지금껏 누구도 운영진에게 진심 어린 피드백을 해준 적은 없었을 것이다.

한 사람의 팬으로서, 세바시라는 브랜드와 운영진들을 진심으로 섬기는 마음으로 내가 보고 느낀 바를 피드백으로 남겼다. 그리고 다음날 막내 작가를 통해 '당신들은 사람들의 인생을 바꾸는 귀한 일을 한다'라는 메시지와 함께 간식을 전달했다. 진심은 통했고, 운영진은 변하는 모습을 통해 내 피드백에 답을 해주었다.

그러자 나는 다시금 〈세바시〉를 섬기고 싶어졌다. '우경마'에 세바시에 도전하자는 공지를 올렸고, 무려 14명을 세바시 대학에 입학시켰다. 그리고 그해 여름 12명의 원장님들을 모시고 다시 한 번 세바시 무대에 올랐다.

선하게 모인 집단의 힘처럼 강한 것이 없다. 상대방의 성장을 위한 대가 없는 열정이 힘이 된다.

아직도 이태석 신부님처럼 태양이 모든 것을 녹여 버릴 듯한 톤즈까지 갈 용기는 없다. 아직은 내가 이루지 못한 것들과 포기해야 하는 할 일들이 먼저 떠오른다. 하지만 톤즈 아이들을 섬기면서 마지막까지 아이들을 섬기고자 했던 이태석 신부님의 그 마음을 조금은 알 것도 같다.

05

몰입이 극적 효과를
발휘한 순간

필요한 인맥을 알아보고 잡는 법

스타트업 포럼이나 모임에 가면 서로 명함을 교환하기 바쁘다. 모임에 한 번만 가도 명함지갑이 닫히지도 않을 정도로 수십 장의 명함이 쌓인다.

그런데 집에 와서 명함들을 펼쳐 놓으면 누가 누군지 기억이 안 나는 경우가 많다. 오히려 인상이 좋지 않았던 분, '저분과는 좋은 관계를 맺기가 어렵겠다'고 생각했던 분들만 생각난다. 위험을 피하려는 뇌의 본능적인 작용 때문이다.

숱하게 경험해본 바, 비즈니스 모임에서 인맥을 쌓기란 쉽지 않다. 특히 내 비즈니스에 도움이 될 정도로 인연이 깊어지는 경우는 드물다. 뭔가를 할 때 학연, 지연, 혈연이라는 3대 인연을 먼저 찾는 이유다. 기나긴 스토리로 묶인 인연은 쉽사리

끊어지지 않으니까.

그렇다고 3대 인연에만 기댈 수는 없어서 우리는 늘 새로운 사람을 찾는다. 누구나 본인에게 도움이 되는 인맥을 쌓고 싶어 한다. 그리고 내가 뭘 받을 수 있을지 계산이 앞선다. 하지만 제대로 된 인맥을 쌓고자 한다면 이와는 정반대로 생각해야 한다.

'나는 저 사람에게 뭘 해줄 수 있을까?'

이렇게 탐색해야 제대로 된 인맥을 만들 수 있다. 지금까지 이것보다 더 나은 방법을 찾지 못했다. 사람은 누구나 받고 싶어 하기 때문이다.

내가 상대방에게 무엇을 줄 수 있을까를 고민하다가 했던 엉뚱한 일 중 최고는 '명리학 공부'였다. 당시 나는 사주 명리학 공부에 푹 빠져 있었다. 갑자기 명리학이라니, 뜬금없겠지만 실은 고3 아이들을 위해서였다. 성적과 진로에 대해 고민이 많은 아이들에게 적성에 맞는 학과를 재미있게 알려주기 위해서였다. 그런데 막상 배워보니 상담에 요긴하게 쓰였다. 사주가 절대적으로 맞지는 않지만, 위험요소를 대처하는 수단으로 적절히 사용하면 많은 조언을 구할 수 있다.

··· 네 자신을 알라 ···

소크라테스는 "네 자신을 알라"고 말했다. 사람들은 자신에 대해 얼마나 알고 있을까? 아이들을 위해 시작한 명리학 공부인데 결국 나를 성장시키는 데 도움이 되었다. 흔히 나는 나 자신을 잘 안다고 여기지만 모두 착각이다. 가까운 지인보다 자기 자신을 더 모르는 이들도 많다.

솔직히 내가 그랬다. 타인을 위한 탐구였지만 결국 자아를 만나는 공부가 되었다.

'아! 나는 이런 사람이구나.'

'내가 이 사람한테는 이런 존재구나.'

'그래서 타인과 이렇게 관계를 맺어야 하구나.'

성인이 되고 대학을 졸업하기도 전에 창업했고, 결혼과 출산, 육아를 하며 동시에 랭핏을 다섯 개 지점까지 오픈했다. 돌이켜보면 참 치열하게도 살았다. 정량적인 목표만을 바라보며 자나깨나 일 생각뿐이었다.

어떤 목표를 가지고 어떻게 도전했으며, 실패 후에는 무엇이 문제였고, 다음엔 어떻게 해야 하는지 온통 실행에만 집중했다. 정작 자신에 대한 성찰은 부족했다. 가만히 앉아 나를 돌아보는 건 '아무것도 하지 않는 시간'처럼 여겨졌다. 살면서 잠시라도 뭔가를 하지 않았던 적이 없었기에 자기 탐색의 방법도 몰랐고, 시도해볼 생각조차 못했던 것이다.

명리학을 공부하며, 네 개의 기둥과 여덟 글자를 보면서 그 사람에 대해 더 진지하게 생각해보게 되었다. 나와 그 사람의 관계까지 살피다 보면 결국에 만나는 것은 나 자신이었다. 그것만으로도 의미가 있다. 물론 제대로, 오래 공부한 전문가에 비할 바는 못되지만 어떻게든 상대를 위하려는 마음이 마법을 부린다.

내 사주에 나타난 흥미로운 한 가지는 거절을 못한다는 점이다. 내 사전에 'No'라는 단어는 없다. 언제 어떤 제안이든 무조건 Yes! 태평양과도 같은 오지랖의 넓이 덕분이다. 이 정도면 가히 지병이라 할 만하다. 이는 아줌마가 되고 나서 더욱 심해졌다. 도움이 필요한 사람을 보면 그냥 지나치지를 못한다. 어쩌겠나, 그게 나인걸. 단지 그런 성향을 가진 나란 사람을 더 잘 사용하는 방법을 연구할 뿐이다.

몰입하기 전에
마음을 써서 살펴보라

상대의 입장에서 생각하기

어쩌다 부산의 CEO 모임에 참석한 적이 있다. 1년 과정의 입회비가 비싸 대체로 기업의 수장이 대부분이다. 다들 자신의 위치에 걸맞는 인맥이 필요한 분들이다. 나는 이런 모임에서 드문 여성이었고, 여성 원우 중 가장 어렸다. 나이 차이가 최소 열 살, 많게는 스무 살까지 났다.

겉보기에 이 모임과는 어울리지 않는 사람이었다. 술도 안마시고, 늘 일에만 매달려 사느라 골프도 안 치기 때문이다. 단순히 운동만 하려고 골프장에서 모이는 게 아니란 것 정도는 나도 알지만, 아무튼 모임 구성원들과 좀처럼 친해질 기회가 없었다.

그러던 어느 날 모임에서 골프 대회를 겸해 엠티를 가자는 의견이 나왔다. 난감했다. 골프를 안 치니 저녁에나 합류하게 될 텐데, 그때는 이미 다른 원우들이 서로 친해진 다음이라 내가 끼어들 틈이 없을 것이다. 그리고 내가 골프를 못 친다는 사실을 상상도 못하는 대표님들은 그저 나를 모임에 적응하지 못하고 겉도는 원우로 알고 있었다. 그래도 자발적으로 온 과정에서 가는 엠티인데 할 수 있는 한 최선을 다해보고 싶었다.

유대감을 형성하고 나라는 사람을 각인시키기 위해 며칠 동안 장기자랑을 준비했다. 컨셉은 우즈베키스탄에서 시집온 토마토 농가 며느리로, 바구니를 옆에 끼고 몸빼 바지를 입고, 최선을 다해 한국어를 했다.

"우리 시어머니 나 일 많이 시켜요.
그래도 토마토 맛있어요. 토마토 매일 먹어요."

일단 내가 준비한 이야기를 남편에게 시범적으로 보여줬더니 배를 안고 쓰러지며 웃었다. 무대 체질인 나는 다행히 실전에서도 통했고, 무대에서 폭발적인 반응을 이끌어낼 수 있었다.

몇몇 대표님들은 정말 나를 토마토 농가 며느리로 착각하셨는지, 무대에서 내려오자마자 토마토 250상자를 주문하셨다. 웃자고 한 컨셉이었는데 현실로 받아들이는 분들 덕분에 졸지에 장기자랑이 홈쇼핑이 되어 버렸다. 내가 몇 번이나 컨셉이라 말씀드려도 이미 주문 약속을 했으니 사겠다고 하셨다. 한참이나 어리지만 그래도 명색이 대표인데, 그런 내가 본인들과 어울리기 위해 장기자랑까지 준비했다는 사실에 큰 감동을 받았다고 했다.

한편으로, 우즈베키스탄에서 시집와서 토마토 농사를 짓는 며느리 스토리는 영화 〈국제시장〉을 보며 눈물을 훔치는 세대들에게 충분히 의미가 있는 소재였다.

이후 모임에서 개최한 다양한 수업을 들으면서 내용을 꼬박꼬박 문서로 정리했고 매번 단톡방에 공유했다. 어플만 조금 쓰면 나오는 결과물들이었지만, 그분들이 보기에는 도깨비 방망이를 휘둘러 만든 결과물로 보였다. 그렇게 정리한 파일을 꾸준히 올리다 보니 내가 수업에 참석했는지 여부를 원우들도 알기 시작했다. 그들 사이에 스며든 것이다.

조금이라도 도움이 되겠는 마음으로 젊은 피가 할 수 있는 일에 최선을 다했을 뿐이었다. 덕분에 돈독한 친분을 쌓을 수 있었고, 여러 굴지의 기업 대표님들에게서 온갖 노하우를 들을 수 있었다.

어디서 돈 주고도 살 수 없는 귀한 정보들이었다.

병원 직원분들에겐
... 어떻게 고마움을 표현할까? ...

교정 치료를 위해 오래 다니던 치과가 있다. 교정이 거의 끝날 때 즈음, 그동안 받은 친절과 배려에 감사해서 뭔가 해주고 싶었다.

매번 SNS에 홍보하는 것만으로 보답하기엔 성에 차지 않았다. 그렇다고 흔한 커피나 빵으로 마음을 표현하고 싶지도 않았다. 뭔가 더 의미 있는 선물이 없을까?

그런 마음으로 치과에 갈 때마다 유심히 관찰한 결과, 치위생사분들이 입고 있는 유니폼 셔츠가 너무 몸에 끼이는 것 같았다. 보기에만 예쁘지 활동성이 떨어져서 실용적이지 못한 작업복이 눈에 들어왔다. 아! 이거다.

교정 치료가 끝나던 날, 내가 직접 그린 치과 마스코트가 프린트 된 PK티셔츠를 단체복으로 선물했다.

비록 셔츠 단가는 만 원 남짓이었지만, 선물이 주는 감동은

금액을 떠나 상대를 생각하는 마음의 크기에서 비롯된다. 내가 오랜 시간 관심을 가지고 지켜봤다는 사실이 티셔츠 한 장에 모두 담겼고, 그 마음이 고스란히 전달되었기에 그들도 감동했다. 몇 주 후 정기 검진을 갔더니 전 직원이 그 옷을 입고 있었다. 내가 선물한 옷이 공식 유니폼이 되다니. 선물한 입장에서도 감동이었다.

누구에게나 애정을 갖고 관심을 기울이면 상대의 불편이나 결핍이 아주 선명하게 보인다. 그 빈자리를 내가 어떻게 채워줄 수 있을까 고민하면서부터 관계는 비로소 발전한다.

인맥(人脈)이란 사람과 사람이 하나의 줄기(脈)로 이어지는 것이다. '유대 관계'에서 '유대(紐帶)'라는 말도 '끈과 띠'라는 뜻이다. 사람과 이어지는 방법? 고작 명함 한 장 주고받았다고 해서 인맥이 되진 않는다. 결국 마음이다. 사람의 마음부터 움직일 수 있어야 몸도 따라오는 법이다.

상대의 마음을 움직이려면 나부터 마음을 써야 한다. 상대가 누구든 나부터 뭔가를 주려는 마음이 있어야 주변 사람들을 귀인으로 만든다. 오로지 내게 달려 있다.

07

많은 일들을
여유롭게 처리하는 법

활력이 넘치려면 무슨 영양제를?

언제부턴가 사람들을 만나면 하루에 잠을 몇 시간 자는지 물어온다. 이제는 잠 이야기를 넘어 무슨 영양제를 먹느냐고 물어온다. 아마 나의 오지랖과 높은 에너지의 텐션 때문일 것이다.

특별한 방법이 있어서 시간을 잘 쪼개 쓰는 건 아니다. 다만, 주저하는 시간과 고민하는 시간이 남들보다 월등히 적다. 우리 일상을 가만히 들여다보면 모든 일은 단 몇 가지로 나눌 수 있다.

바꿀 수 있는 것과 바꿀 수 없는 것.
그리고, 그것에 대한 태도

바꿀 수 있는 것을 바꾸는 것은 '용기'고, 바꿀 수 있는 것을 바꾸지 않는 것은 '게으름'이다. 그리고 바꿀 수 없는 것을 받아들이는 것은 '수용'이며, 바꿀 수 없는 것을 바꾸려고 하는 것은 '미련함'이다.

바꿀 수 있는 일인지 아닌지 그 두 가지를 구분하는 것만으로도 시간과 노력이 줄어든다. 가만히 있으면 해결되는 일들도 많지 않은가? 인간의 고민 중 대다수가 해결하지 못하는 일이라는 말이 있다.

고민한다고 해서 아무것도 달라질 것이 없는데, 애쓰면서 고민을 하는 경우가 많다. 바꿀 수 있는 것을 바꾸는 용기, 바꿀 수 없는 것을 받아들이는 수용, 이 두 가지에만 집중하면 고민의 시간이 줄어들 것이다.

사람을 용서하는 일도 사실 나를 위해서 하는 일이다. 누군가를 미워하고 시기하면 그 마음이 나의 에너지를 삼켜버린다. 그 에너지로 할 수 있는 다른 것들에 집중하면 더 좋은 성과를 얻을 수 있다.

내가 할 수 있는 것과 없는 것을 명확하게 구분하다 보면 주변 사람들도 같이 구분을 지어주기 때문에 에너지가 훨씬 생산적으로 변한다.

그리고 누가 뭘 하자고 하면 최대한 도전해보려고 한다. 일단 도전하는 삶을 살려면 한꺼번에 여러 가지 일을 쳐낼 수 있어야 한다. 꼬이는 일이 있어도 어떻게든 해보려고 하니 밤만 되면 녹초가 되어 눕자마자 베개만 닿으면 잔다.

그만큼 생각의 가지가 적고 행동의 순서가 빠르다. 고민할 시간이 줄어든다는 것은 인생을 효율적으로 산다는 뜻이기도 하다. 그래서 주저하는 시간에 무엇이라도 도전한다면 바쁜 것 같지만 오히려 인생이 여유로워진다.

08

성취감에
중독되어라

힘든 건 힘들다고 인정한다

20대 중반 어느 날 아침에 TV를 보는데, 어느 돌쟁이 아이 엄마가 육아하는 모습이 나왔다. 이 사소한 장면을 아직도 기억하는 건 이유가 있다.

보통 방송에 출연한다고 하면 최소한 세수 정도는 하지 않나? 머리도 단정하게 빗고 말이다. 그런데 그 엄마는 달랐다. 밴드로 대충 묶은 떡진 머리, 목 늘어난 티셔츠에 무릎이 튀어나온 추리닝 차림이었다. 꾸미기는커녕 씻지도 않은 듯한 모습이 충격이었다.

육아에 치여 세수할 시간조차 없다고 하는데, 당시로선 도무지 이해할 수가 없었다. 바쁜 출근 시간에도 매일매일 고데기까지 하고, 그날 일정에 맞는 옷도 코디하며 하루를 시작했던 나였기에 더더욱 그랬다. 세수하고 머리 빗는 그 몇 분조차 내기가 어렵다고? 그게 육아라고?

세월이 흘러 나도 결혼하고, 양수가 갑자기 터져 유도분만까지 해가며 천신만고 끝에 첫아이를 출산했다. 아이의 탄생은 그 자체로 축복이고 기적이다. 하지만 육아는 지극히 현실이었다.

산후조리원을 나오면서부터 하루하루가 전쟁이었다. 시도 때도 없이 울어대는 아이 앞에서 발만 동동 구르기도 했고, 씻는 건 고사하고 아이를 등에 업은 채 서서 잠들기 일쑤였다. 그런 나날을 보내다 보니 20대의 싱싱한 풋사과 같던 나는 어디 갔는지, 나 자신이 퍼석퍼석한 철 지난 사과처럼 여겨졌다. 그러자 순간 정신이 퍼뜩 들었다. 이대로 낙과가 될 순 없었다.

사람은 누구나 어찌할 도리가 없다고 느낄 때 무기력에 빠진다. 하지만 그런 상황에서도 전력 질주할 마음만 먹으면 없던 에너지가 생긴다. 그걸 정신력이라 하는지 모르겠지만 그 에너지는 상상 이상으로 폭발적이다.

밤 9시면 아이를 어린이집에서 데리고 와서 학원 단칸방에 재웠다. 그날의 마지막 수업을 위해서였다. 수업이 끝나고 귀가할 때면 카시트에서 아이를 내려 둘러업은 뒤 한쪽 어깨엔

가방을 메고 집까지 계단을 올라야 했다. 당시 살던 집은 주차 공간이 여의치 않아 먼 데다 차를 대야 할 때도 있었다. 그런 날이면 정말 눈물이 핑 돌 지경이었다. 그렇게 겨우 현관에 들어서면 남편의 인사에 답할 기력도 남아있지 않다. 하지만 아직 끝이 아니다. 새끼발가락 끝에 있던 에너지마저 끌어모아 쓸 차례다. 온종일 비워둔 집안은 전쟁터를 방불케 했다.

그렇게 매일매일 배터리가 1%로 떨어질 때까지 움직였다. 체력이 좋아서가 아니다. 물러설 곳이 없었기 때문이다. 정확하게는 물러날 데가 없다고 스스로 '여겼기' 때문이다. 이 둘의 차이는 크다. 내 의지와 무관하게 벌어진 상황이 아닌, 스스로가 택한 상황이라 여기면 이후 행동이 달라진다. 육아와 일, 둘 다 내 선택이다. 그래서 억울하다거나 포기해야겠다고 생각해본 적은 없다.

… 그래도 힘든 건 힘든 거다 …

지난날 엄마의 하루도 그랬을까? 엄마가 된 내 하루는 너무나 길었다. 그럭저럭 살아내는 것만으로도 대단하다는 사실을 새삼 깨달았다. 그렇게 버티는 동안 시간은 정직하게 흘렀다.

어느덧 첫째 아이 돌잔치 날이 되었다. 가까운 지인들과 조촐한 축하 자리를 마련하고 집에 들어와 쓰러지듯 잠이 들었다. 화장도 지우지 못했다. 깨어나 보니 속눈썹은 어디론가 사라지고, 마스카라가 잔뜩 번진 판다 곰이 거울 앞에 앉아 있었다.

... 불가항력을 견디는 힘, ...
작은 성취감

육아에는 휴일이 없다. 주말이면 아이를 업고 수업하는 날도 많았다. 대신 봐줄 사람이 없어 학원에 아이를 데려온 날은 듣기 수업을 진행했다. 원생들이 듣기 수업을 하는 동안 잠깐씩 아이를 돌봤다.

아이가 유모차에서 자장가로 영어 듣기를 하며 꿈나라로 떠난 동안 당시 고2였던 가영이는 꿈을 이루기 위해 영어 듣기를 했다. 지금 가영이는 1호점의 부원장이 되어 큰 아이를 가르치고 있다.

지친 하루의 끝에 밀린 설거지와 빨래를 하고, 다시 지쳐 잠들기 직전까지 원생들 시험준비를 하는 나를 스스로 격려하며 작은 성취감을 느꼈던 날들. 육아와 일, 둘 중 그 어떤 것에도 물러서지 않고 하루하루 살아냈던 내 의지가 지금의 나를 만들었다. 둘 다 완벽하진 않았지만 그렇다고 형편없지도 않았다.

'오늘 하루 딱 좋아!'
'이거면 되지!'
'이거라도 어디야.'

작은 성취감과 스스로를 향한 위로가 랭핏의 곳곳에서 윤활유처럼 작용하고 있다. 살다 보면 사람 일이 뜻대로 안 될 때가 많다. 그 원인이 외부에 있고, 불가항력일 땐 스트레스가 어마어마하다. 그리고 쉽게 무기력해진다. 그에 굴하지 않으려면 일상 속에서 작은 성취감을 하나씩 끌어모아야 한다.

제시간에 일어났음에, 무사히 청소를 마쳤음에, 빨리를 깔끔하게 널고 맛있게 밥을 먹었음에도 성취감을 느낄 수 있어야 한다. 폭풍우와 같은 실패와 좌절의 소용돌이 속에서 단지 하루하루를 잘 견디고 살아냈다는 것만으로도 충분히 성취감을 느낄 만하다. 그거면 됐다.

매일 아침 해가 뜨고, 다시 지고, 봄이 되면 꽃이 피고, 가을이면 파아란 하늘이 청명하게 펼쳐진다. 일상 속에서 소소한 성취감을 발견하기 시작하면 매년 봄마다 잊지 않고 피는 벚꽃과 가을 낙엽마저 위대하게 보인다.

그러고 보면 자연은 단 한 번도 약속을 어긴 적이 없다. 매년 때가 되면 각기 다른 얼굴로 변화를 알린다. 그 속에서 일상을 잘 살아내기만 하면 그 흔적들이 마침내는 역사로 남게 된다.

일상의 소소한 성취를 위해 몰입하지 못하면 큰 성과도 내기 어렵다. 작은 성공부터 잘 느끼고 다룰 수 있어야 점점 더 큰 성공을 거머쥘 수 있는 법이다.

무(無)에서 유(有, 새로운 가치)를 만들기까지 필요한 시간

1. 학습이 체화되는 과정 '응고화'가 필요하다

학습을 위해서는 충분한 시간이 필요하다.

"새로운 지식과 기능을 느리게(slowly) 또 고심해서(laboriously) 습득하면 '학습'이고, 즉각적으로(instantly) 습득하는 것은 '기억'을 형성하는 과정이다."

응고화(consolidation)에 걸리는 시간

응고화란 단기 기억의 정보를 장기 기억으로 옮겨 초기 형성된 기억의 흔적을 안정시키고 단단히 하는 과정을 말한다. 응고화는 이런 장기 강화작용 등과 관련이 깊다(Wang & Morris, 2010).

응고화가 시작되는 시기

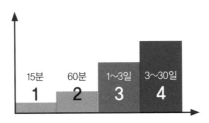

15분	60분	1~3일	3~30일
1	**2**	**3**	**4**

1. 습득 : 15분 후
**뉴런과 뉴런 사이, 시냅스 간
연결이 처음 형성된다.**

2. 세포간 연결 강화 : 60분 후
**해마에서 시냅스 연결이
단단해진다.**

3. 응고화 : 1~3일 후
**잠을 자는 동안 학습 내용이
응고화된다.
장기 기억으로 연결된다.**

4. 연결/통합 : 3~30일 후
**관련된 정보를 지닌
다른 세포들과
연결/통합된다.**

출처 : Eric Jensen, 2005

3차원 지식 단계

이해하다(Understand)
개념, 원리, 이론, 일반화

할 수 있다(Be Able to do)
절차적 지식, 교과지식의 활용, 사고 스킬

알다(Know)
사실, 교과 어휘와 언어, 용어, 상징, 수, 세부사항

출처 : Cash R.M., 2017, 2011

개념적 지식이 습득에 걸리는 시간

캐시(Cash)의 3차원 지식 위계를 소개한다.

'알다(사실적 지식), 할 수 있다(절차적 지식), 이해하다(개념적 지식)'처럼

3개의 층위로 구성된다.

2. 기다려주는 시간의 효과

체육을 하다 보면 아이들이 불나방 같이 뛰어드는 경우가 많다. 민트핏으로 영어체육을 하다 보면 아이들이 불이 들어왔을 때 불을 끄지 않고 참는 것을 오히려 어려워 한다. 사실 기다림은 교육해야 하고, 학생 스스로 연습해야 하는 부분이다.

또, 수업시간에 랭핏 멘토가 기다려주는 시간(wait time)은 랭핏터(학습자)의 참여도를 높이기 위해 의도적으로 만들어진다.

랭핏 멘토가 질문한 후, 답변자를 지명하기 전까지 기다리는 시간 : 3~5초	학생이 질문에 대한 답변을 마친 후, 교사가 피드백을 주거나 다른 학생을 지명하기 전까지 교사가 기다리는 시간 : 3~5초

교사가 질문을 했을 때

학생들 중에는 바로 답변을 생각해낼 수 있는 학생도 있지만, 한참 궁리를 해봐야 답변을 생각해낼 수 있는 학생들도 많다. 영어는 표현 욕구가 좋은 아이들이 잘 하는 편이다. 속으로 답하는 정적인 아이에게 표현 욕구를 끌어내는 것은 쉽지 않다. 학생이 공개적으로 답을 하는 대신 옆자리 짝과 얘기를 나누고 싶어 할 수도 있다.

랭핏 멘토의 질문과 관련된 정보를 장기기억에서 찾아내고 이를 질문에 맞게 조직하는 일은 학습에 필수적인 과정이며, 효과가 매우 높은 인출

(retrieval)과 회상(recall)의 과정이다.

교사가 가장 빨리 손을 드는 학생에게 즉시 답하게 할 경우

나머지 한창 답을 찾고 궁리하고 있는 학생들의 학습은 거기서 멈추게

된다. 기다려주는 시간을 통해 생각이 상대적으로 좀 느린 학습자까지도

참여하고 학습이 일어날 수 있도록 하는 수업이 공정하다.

이 책은 오직 '단순한 몰입'으로 인생을 바꿔온 한 사람의 이야기다. 운도 없었고, 재능도 없었다. 스펙은 더욱 없었다.

하지만 절실히 원하는 것이 있을 땐 빈틈없이 온전히 몰입했다. 그게 전부였다. 그래서 당신도 할 수 있다.

> **"단순하게 몰입해서 얻은 것들,**
> **알려주고 싶어서 참을 수가 없었어요."**

처음엔 쉽지 않다. 그래도 하루가 이틀이 되고 삼일이 되고.

픽 쓰러져서 잠드는 하루하루를 쌓아가다 보면 당신도 할 수 있다. 단순하게 원하는 것에 집중하며 살아갈 수 있다.

지성(至誠)이면 감천(感天)이라고 한다.

정성이 지극하면 하늘도 감동하게 된다는 말이다. 얼마나 다행인가. 평범한 우리도 단순하게 몰입하는 일을 정성껏 하면 원하는 것을 얻을 수 있다.

하늘을 감동시키는 유일한 방법, 단순한 몰입의 힘.

당신, 고독하지만 정성껏 몰입해보라!

단순하게 몰입한다는 것

1판 1쇄 인쇄 2024년 7월 7일
1판 1쇄 발행 2024년 7월 17일

지은이 캐서린(윤지숙)
발행인 김태웅
기획편집 이미순, 박지혜, 이슬기
마케팅 총괄 김철영　　　　　　　　**마케팅** 서재욱, 오승수
표지 디자인 섬세한 곰　　　　　　　**본문 디자인** 호우인
온라인 마케팅 하유진　　　　　　　**인터넷 관리** 김상규
제작 현대순
관리 김훈희, 이국희, 김승훈, 최국호

발행처 ㈜동양북스
등록 제2014-000055호
주소 서울시 마포구 동교로22길 14(04030)
구입 문의 (02)337-1737 **팩스** (02)334-6624
내용 문의 (02)337-1763 **이메일** dymg98@naver.com

ISBN 979-11-7210-055-1 03190